船舶工匠系列教材
国家级重点技工学校推荐教材

船舶精度控制实训指导手册

主编　薛智伟　喻兴文　陈之祥

哈尔滨工程大学出版社
Harbin Engineering University Press

内容简介

本书共分为7个项目，以钢质海船建造为背景，分别介绍了船舶精度控制的准备工作；船舶建造过程中，包括下料阶段、(部/组件)加工阶段、分段建造(装配)阶段、总段装配阶段和船台(船坞)搭载阶段在内的精度控制工作内容；以及精度数据分析软件应用。

本书可作为中等职业学校船舶工程技术专业教材，也可供船舶工程技术人员参考使用。

图书在版编目(CIP)数据

船舶精度控制实训指导手册/薛智伟，喻兴文，陈之祥主编. —哈尔滨:哈尔滨工程大学出版社,2020.10

ISBN 978-7-5661-2822-5

Ⅰ.①船… Ⅱ.①薛… ②喻… ③陈… Ⅲ.①船舶操纵-精度控制-手册 Ⅳ.①U664.82-62

中国版本图书馆CIP数据核字(2020)第200302号

选题策划 史大伟 薛 力
责任编辑 丁 伟
封面设计 李海波

出版发行 哈尔滨工程大学出版社
社　　址 哈尔滨市南岗区南通大街145号
邮政编码 150001
发行电话 0451-82519328
传　　真 0451-82519699
经　　销 新华书店
印　　刷 哈尔滨市石桥印务有限公司
开　　本 787 mm×1 092 mm 1/16
印　　张 9.5
字　　数 198千字
版　　次 2020年10月第1版
印　　次 2020年10月第1次印刷
定　　价 31.00元

http://www.hrbeupress.com
E-mail:heupress@hrbeu.edu.cn

前　　言

近年来，我国造船工业飞速发展，其在国防工业和国民经济中的地位越来越突出，在此背景下，船舶工程技术专业中等职业教育也得到了蓬勃发展。船舶精度控制是船舶工程技术专业的一门重要的专业课程。为贯彻《国务院关于加快发展现代职业教育的决定》（国发〔2014〕19 号）和《教育部关于深化职业教育教学改革 全面提高人才培养质量的若干意见》（教职成〔2015〕6 号）精神，落实《上海市人民政府关于加快发展现代职业教育的决定》（沪府发〔2015〕9 号）中提出的要求，进一步推进学校专业的内涵发展、特色发展和创新发展，江南造船集团职业技术学校面向国际水平专业的前沿方向，瞄准全国最优专业，顺应船舶工业发展的形势，满足船舶工程技术专业中等职业教育人才培养的需要，遵照“必需、够用”的原则，以培养适应技术进步、生产方式变革及社会公共服务需求的高素质劳动者和知识型、发展型技术技能人才为目标，组织编写了本书。

本书编写分工如下：喻兴文老师负责项目一、项目二的编写，陈之祥老师负责项目三、项目四的编写，薛智伟老师负责项目五至项目七的编写。

由于编者水平有限，书中疏漏甚至错误之处在所难免，敬请读者批评指正，以便在今后的教学和再版时改正。

编　者

2020 年 7 月

目　　录

项目一　船舶精度控制的准备工作

知识目标

1. 了解船舶精度控制的概念及体系。
2. 了解船舶精度控制的测量技术。
3. 掌握船舶精度控制测量的尺寸基准。

能力目标

1. 会使用水准仪进行水平测量。
2. 会使用全站仪对船体进行基本尺寸测量。

任务一　船舶精度控制的理论基础

船舶建造过程是一项复杂工程，涉及面较广，协调性强。船舶建造按照船舶设计图纸进行，首先从钢材预处理开始，经过切割、加工、装配、焊接等生产工艺，将零件组装成部件、分段、总段，再进行船体总组，组装成整个船体。

在船舶建造过程中，船舶结构构件受切割、加工、焊接和吊运等因素影响，不可避免地产生实际尺寸偏离放样尺寸的尺寸偏差和形状偏差，因此为了保证船舶建造质量，要在建造过程中的加工、装配焊接等工艺阶段制定尺寸标准，将偏差控制在标准范围内。

为了将偏差控制在标准范围内，船厂普遍采用在船体零件上加放余量的方法来满足加工过程中产生的尺寸偏差与形状偏差。对于多余的尺寸再进行现场余量修整，修整工作量在全船建造过程中所消耗的工时约占全船总工时的1/4。为了尽量减少修整工作量，缩短船舶建造周期，船厂在取得大量生产实践测量数据的基础上，运用数理统计方法，逐步以不需要修割的零件补偿量代替余量的方法来控制造船过程中出现的尺寸偏差，从而逐步发展形成了当今船舶精度管理技术。

船舶精度管理技术是现在造船的重大新技术之一，是精益造船的一种技术体现，更是船厂科学管理的重要内容。船舶精度管理技术是一门以船体建造标准为基本准则，通过科学的管理方法与先进的工艺技术手段，对船体建造进行全过程的尺寸精度分析和控制的技术。它主要是在船体建造过程中通过加放尺寸补偿量取代余量,通过合理的工艺技术和管理技术,对船体零件、部件、分段等尺寸进行精度控制,保证船舶建造过程中的尺寸精度,确保船舶建造主尺度的尺寸精度,提高船舶建造的质量,最大限度地减少船舶建造过程中现场尺寸修整工作量,缩短船舶建造修整工期。这样既能满足船东对船舶质量的要求,又能实现船厂对降低造船生产成本的要求。船舶精度管理技术是当今船舶建造过程中生产的客观需求,也是科学管理、精益造船、绿色造船发展的需求。

在船舶建造过程中,应用统计分析的原理和方法制定出各工序中每个零件、部件、分段直至总段的最合理的精度标准,以便控制和掌握零件与分段的尺寸精度。可使加工好的零件和分段等中间产品不留余量,无须进行二次定位、画线和切割,将船体零件、部件、分段和全船的建造尺寸控制在船舶建造标准规定的范围内;从而实现船体建造全过程的精度控制,使主船体精度达到标准要求或满足顾客需要。简单地说,精度造船就是在船舶建造过程中用补偿量代替余量,逐步扩大补偿量的使用范围,并控制船体结构位置精度,以最少的成本控制船体建造的主尺寸偏差、线形偏差和结构错位在标准范围内,保证船舶质量。

一、船舶精度管理体系

1. 船舶精度管理体系

船舶精度管理贯穿于全船建造过程之中,涉及精度标准、组织体系、资源管理、过程控制、信息收集与反馈等内容;船舶精度管理并不是单一存在的,而是作为造船质量管理的一个子系统存在。船舶精度管理体系也与质量管理体系类似,主要包括组织体系、精度标准、资源管理、精度控制、测量改进和信息技术等方面,如图 1－1 所示。

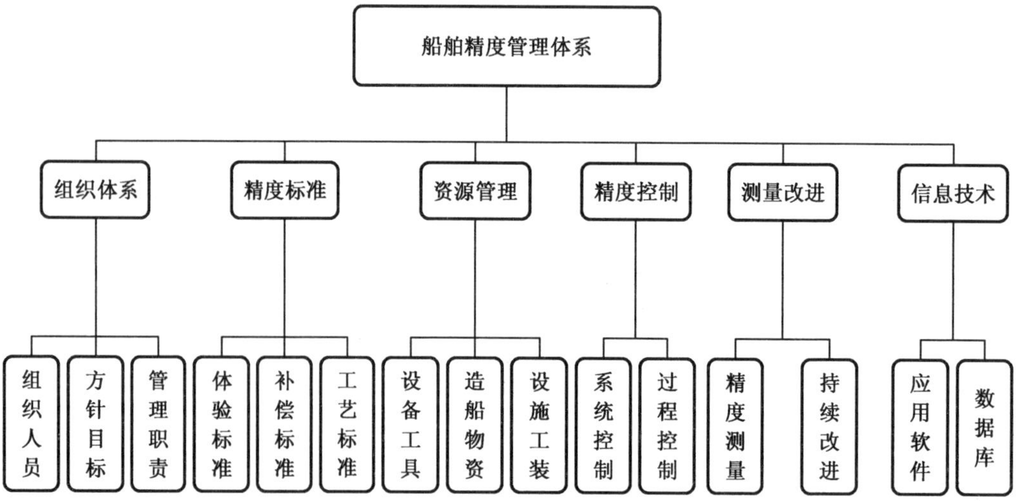

图 1－1　船舶精度管理体系

(1)组织体系

为了实施船舶精度管理,必须成立精度管理的组织体系。这需要企业高层领导给予足够的支持,配备必要的组织和人员,制定船舶精度方针、目标和计划,明确管理职责制度。

精度方针是确定船舶精度管理的方向和原则。精度方针确定为“精度设计、过程控制、检测改进”,其中精度设计是精度管理的源头,过程控制是精度管理的核心,检测改进以提高精度水平。

精度目标是依据本船厂精度管理水平,分阶段提出精度的合格率,包括拼板、冷热加工、分段的焊前焊后、总组和搭载等。确定精度目标后,就要制订精度计划。船体建造的精度计划,实际上就是对船体建造从精度角度判断的一种工程分析。通过分析,可以对建造全过程的精度状态有一个数量上的全面了解,事先就能发现问题并采取相应的补偿和控制措施,包括加放补偿量、余量与选择余量的切割阶段,以确保船体建造的尺寸精度能控制在允许的范围之内。

精度计划是在对建造全过程的精度分析基础上建立相应的尺寸精度控制措施。通过对船厂生产进行大量的调查研究,掌握足够的实践生产数据,将生产数据与理论分析相结合,根据船厂生产条件制订精度计划。只有经过长期的调研、试行、推广和巩固的反复循环过程及专题研究,才能取得符合本企业精度分析的实际结果。科学的、符合实情的精度分析有助于提出有效的尺寸精度控制措施。在精度计划编制过程中,应根据船体结构图确定建造方法和装配工艺流程,分析各个工艺阶段的误差累积过程,决定各个控制阶段的允许误差,按照允许误差值决定施工要领和工艺技术方法,保证船舶精度符合工艺技术要求。这里所说的施工要领和工艺技术方法,是指在精度分析的基础上采取各种相应的控制措施。其中,最重要的措施是加放系统补偿量、余量,以及合理选择余量切割时机。这些工作都围绕一个根本目的——精度计划的编制。通过提出相应的工艺技术,确保船舶精度,包括船体主尺度精度、形状精度和位置精度。精度计划包括船体建造各个阶段的精度目标、影响精度的主要原因和采取的措施等内容。

(2)精度标准

精度标准包括补偿量标准、精度检验标准、精度控制基准、精度测量表、基准线设计基准等。精度补偿量包括切割补偿量、加工补偿量、装配补偿量和焊接补偿量等方面,一般通过现场多次测量或理论计算得出补偿量数值,通过生产设计反映在船体零件上,然后在主船体完工后测量主尺度来检验补偿量的正确性,通过测量值修正补偿量数值。精度检验标准是根据精度目标细化到船体建造各工序阶段的精度要求。精度工艺标准是对于一些精度容易出现问题的工序阶段制订专门的装焊工艺。

(3)资源管理

要进行船舶精度管理,必须对影响船舶精度的各种资源进行管理,这些资源主要包括设备工具、造船物资和设施工装等。这些将在后续章节中有详细叙述。

(4)精度控制

精度控制是实施船舶精度管理的核心,主要包括精度系统控制和过程控制。精度系统控制指对影响船舶精度的人员、精度设计、设备工具和物资进行系统的控制以保证船舶精度。过程控制指对船体建造过程的各阶段进行过程控制。对于各阶段易出现的精度问题采用"人、机、料、法、环和计量"六因素质量分析法进行分析,确定主要因素,采取必要措施,在验证有效后,把这些措施固化为标准。这样逐步提高船舶精度,最终以最低的成本控制船舶精度在标准范围内。这里的精度控制以施工者自我控制为主。具体的船舶精度控制在后面有详细的介绍。

(5)测量改进

测量处理和改进就是对于船体建造过程中的中间产品(分段、总段)进行测量验收,对于精度超差的中间产品必须采取修整措施,分析原因,采取预防改进措施,并对相关责任人进行处理。这里的预防改进措施在验证有效后固化为标准,这样就改进了船舶建造精度。精度改进还包括低成本控制船舶精度的措施。

(6)信息技术

信息技术包括应用软件和数据库技术,如 TRIBON 船舶设计软件、精度数据处理软件和有限元计算软件。精度信息技术发展速度非常快,如国内已在开发并部分地应用,韩国大型船厂也广泛应用精度系统。精度系统的应用大大提高了分析速度和数据分析水平,精度数据完全可以在系统中实施封闭,大大降低了人为因素的干扰。

2. 船舶精度管理体系的作用

(1)减少了无效劳动

造船企业实行船舶精度管理可以减少无效劳动,对提高造船质量、降低成本和缩短周期将起到积极作用。同时可以提高船舶建造技术水平,实施科学管理,拓宽市场开发。

(2)提高了产品质量

实现船舶建造精度管理后,船舶的装配精度能够得到明显改善,各种间隙、余量和错位大大减少,船体结构内的应力分布趋于均匀,船体强度得到了保证,可以大大提高船舶营运的经济性和安全性。

(3)降低了作业难度

实施船舶精度管理,能够减少船舶建造过程中的结构修割,将船坞(船台)作业和高空作业改成平台上作业,降低了作业难度和劳动强度,改善了工作环境,保证了造船生产工人的安全和健康。实施精度造船后,各种部件、结构件和分段的尺寸精度提高了,船体装配成为简单的要素作业,大大降低了工人的熟练化程度要求,从而减少了作业时间,缩短了生产周期。

(4)有利于高效焊接

实施精度管理后,船体的焊缝精度得到了控制与提高,使得高效焊接设备的使用成为可能。同时,高效焊接设备的使用使生产效率得到了明显提高,焊接精度和质量也得到了进一步的稳定和提高。由于减少了修割和返修,因此节约了资源和能源消耗,减少了环境污染,同时这也是建设资源节约型、环境友好型企业的要求。

(5)增强了国防建设

军舰建造要保证军舰船体线型和航速,因此都采用模块化建造,应用精度管理技术尤为重要。

二、船舶精度测量技术

1. 工程测量技术

工程测量学因应用领域不同而有多种定义方法,应用在船舶工程技术领域较为概括和抽象的定义是,工程测量学是研究地球空间(包括地面、地下、水下、空中)具体几何实体的测量描绘和抽象几何实体的测设实现的理论、方法和技术的一门应用性学科。

测量学按照研究对象及采用技术的不同,又可分为大地测量学、工程测量学、摄影测量与遥感学、海洋测量学和地图制图学等。工程测量学主要包括以工程建筑为对象的工程测量和以设备与机器安装为对象的工业测量两大部分。

测量学的内容包括测定和测设两个部分。测定是指使用测量仪器和工具,通过测量和计算得到一系列测量数据,或把地球表面的地形缩绘成地形图。测设是指把图纸上规划设计好的建筑物、构筑物的位置在地面上(或特点位置)标定出来,作为施工的依据。

随着测量技术的发展,工程技术中所采用的测量方法也在不断发生变化,目前常采用的测量方法包括直接测量、间接测量、接触测量、非接触测量、组合测量、比较测量等。

假想有一个静止的海水面,向陆地延伸形成一个封闭的曲面,则这个曲面称为水准面。

测量工作的主要任务之一是确定地面点的空间位置,其表示方法为坐标和高程,而地面点的空间位置又与一定的坐标系统相对应。

地面点到某一高程基准面的垂直距离称为地面点的高程。

测量工作中常用的高程基准面有参考椭球体面和大地水准面,其相应的高称为大地高和海拔高。地面上任意两点之间的高程之差称为高差。

在工业测量中,测量工作的基本原则具体体现为“先控制测量,后细部测量”。

三坐标测量机是工业部门应用最多的坐标测量仪器,在中小型工业设备的安装检测中发挥着重要作用。

在设备的安装和调试中,直线的准直是轴线调整的主要内容,也是设备粗定线、轴线调整经常用到的一项测量工作。

工程测量过程中必须掌握以下四个要素。

①测量对象:主要指几何量,包括长度、角度、表面粗糙度和形位误差等。

②计量单位:确定米制为我国的基本计量制度。在长度计量中以米(m)为单位,其他常用单位有毫米(mm)和微米(μm)。在角度测量中以度(°)、分(′)、秒(″)为单位。

③测量方法:指在测量时所用的按类叙述的一组操作逻辑次序。

④测量的准确度:指测量结果与真值的一致程度。

2. 船舶精度测量

船舶精度管理是一门交叉学科,涉及很多新工艺、新技术。其关联的技术有软件技术、信息技术、设计技术、装配技术、焊接切割技术、成型矫正技术、测量技术等多个方面。船舶精度管理是个系统,基础理论有系统工程理论、工业工程理论、控制理论、PDCA 质量循环理论、尺寸链理论、木桶理论。基本方法有过程控制方法、数理统计方法和有限元分析方法等。

在实施精度管理过程中,测量技术是精度管理工作中一项重要的检测技术,适用范围较广。可靠的检测工具和较高的测量水平是提高船舶精度的保障。目前船舶精度的测量采用的技术有很多,从直尺、卷尺发展到激光经纬仪、全站仪等激光三维测量技术,测量的精度和方便性都有很大的提高。一般来说,零件切割前要用游标卡尺测量钢板厚度,零件坡口要用焊接量规检测坡口角度,零件切割要用卷尺抽查零件尺寸,偏差超过标准要调整切割机参数。

小组拼板时要用卷尺检测拼板尺寸,用粉线检查直线边缘的直线度。中组曲面板拼板前要用激光经纬仪和直尺制作或检测中组胎架,用直尺检测板在胎架上的定位尺寸,用卷尺检测拼板尺寸,用粉线检查直线边缘的直线度。

分段装配前要用激光经纬仪与直尺制作和检测大组胎架,用卷尺测量大组拼板尺寸并进行二次画线和检测。船舶建造过程中,由于需要测量的船体结构或部件的结构尺寸较大,其测量一般可归结为大、中尺寸的测量。依据造船过程中所采用的测量工具的使用方法可将其测量分为直接测量、间接测量和坐标测量三种。

船舶建造精度测量仪器可分为通用仪器和专用仪器两种。

按照检测对象的不同,检测工具大致分为测量厚度的工具、测量长度的工具、测量角度的工具和测量形状的工具四类。

(1)测量厚度的工具

船体零件必须保证材质和板厚符合标准要求。如果零件厚度的负偏差超过 0.3 mm,通常需要更换零件,这样返工的切割和焊接等作业的热量使船体构件变形加大,不利于精度造船,所以在钢板切割前要测量钢板厚度,检查钢板厚度是否符合标准。常用的测量厚度的工具有游标卡尺和超声波测厚仪。超声波测厚仪是利用超声波的反射来测量钢板厚度的,常用于船体分段上或船上检查结构零件的厚度。

(2)测量长度的工具

船舶建造精度管理中最常用的检测工具就是测量长度的工具,通常有钢直尺和钢卷尺两种。钢直尺通常有 15 cm 和 100 cm 两种规格,其中 15 cm 钢直尺常用于检查装配间隙,100 cm 钢直尺常用于结构水平度或垂直度的辅助测量。

钢卷尺通常有 3 m、5 m、20 m、50 m 和 100 m 五类,船用钢卷尺的长度公差通常小于 1 mm。其在测量零件尺寸、拼板尺寸、分段尺寸和船体主尺寸等方面有着广泛的应用。如图1 -2 所示,对构件利用卷尺、测距仪进行尺寸测量,对构件的长度、宽度、高度和对角尺寸的精度要求控制在 ±3 mm。

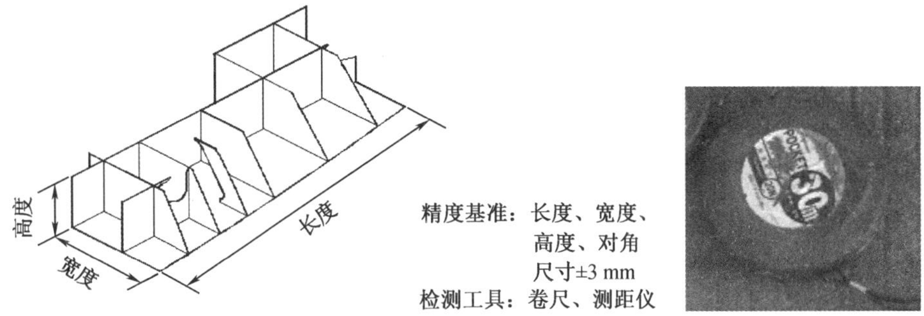

(a)　(b)

图 1 -2　构件尺寸精度控制

如图 1 -3 所示,在船舶建造过程中利用钢卷尺进行焊接保留量的测定。根据精度标准要求,每个“X”焊接保留 100 mm,焊接保留长度 ±10 mm。图中测量结果反映了焊接保留量不足。

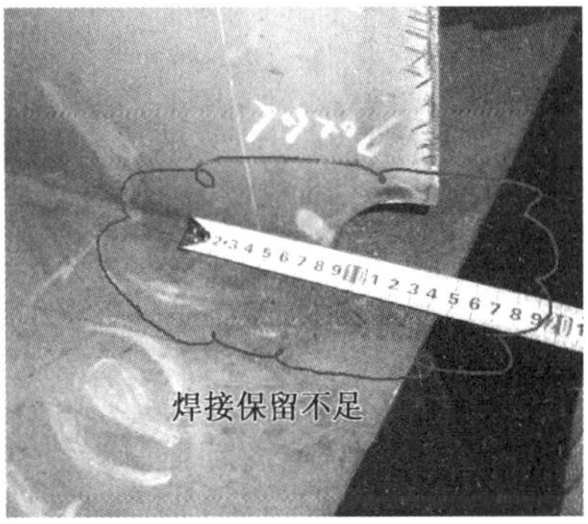

图 1 -3　焊接保留量测量

(3)测量角度的工具

船舶建造加工过程中需要控制角度,包括坡口切割角度、加工角度、构架安装角度等。

测量角度常用的工具有焊接量规、角度样板、量角器、角尺和开拢尺等。角度测量精度控制如图 1 –4 所示。焊接量规用于测量焊脚高度、坡口角度,已有成熟产品出售。加工角度通常由角度样板进行检验。角尺用于安装垂直构件的定位,开拢尺常用于安装非垂直构件的定位,国内通常由各个船厂的工人自己制作,测量的精度也不高。

(a)

(b)

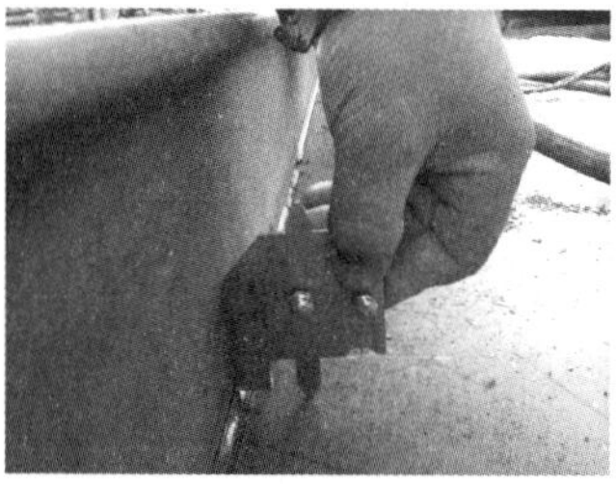
(c)

图 1 –4　角度测量精度控制

(4)测量形状的工具

船体建造中需要测量边缘直线度、曲面板形状、表面平面度、平台水平度和构架垂直度等形状偏差。常用的测量形状的工具有水准仪、粉线、线锤、直尺、样板、样箱、水平尺、水平软管、激光经纬仪、全站仪和 API 激光三维跟踪仪等。部分测量形状的工具如图 1 –5 所示。

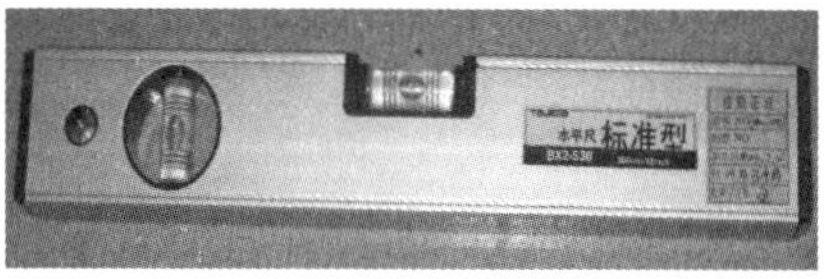
(a)水准仪

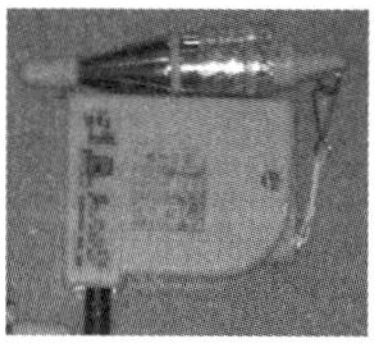
(b)线锤

(c)水准仪

(d)全站仪

图 1 –5　测量形状的工具

粉线主要用于测量板边缘的直线度和板的局部平面度,线锤和直尺组合用于测量构架垂直度,激光经纬仪和直尺组合也可用于测量构架垂直度,如图 1 –6 所示。

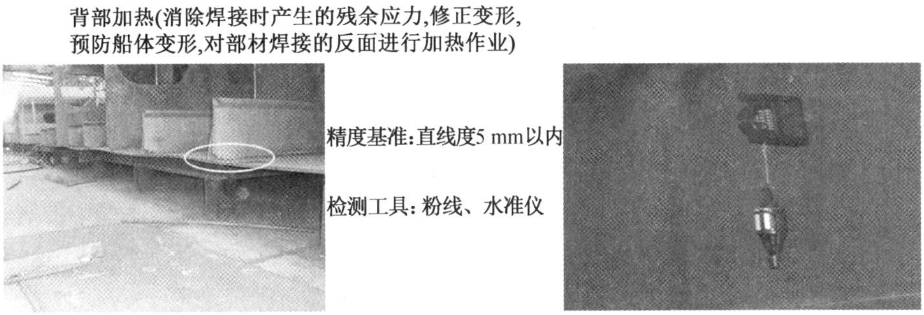

图1－6　直线度和垂直度测量

样板是根据船体曲面线型单曲率外板数据定制的,通常分为活络样板和木样板两类。活络样板用于横向拱度小于280 mm的单曲率(或近似单曲率)板零件,木样板用于横向拱度大于280 mm的单曲率(或近似单曲率)板零件。双曲率外板通常使用样箱检验成形,样箱是根据船体线型数据手工钉制的木箱形检验工具。水平尺、水平软管、水平仪和激光经纬仪可以检测胎架或平台的水平度。扭曲变形精度测量如图1－7所示。全站仪和API激光三维跟踪仪可用于测量分段主尺寸或曲形外板的线型与船体模型的偏差。

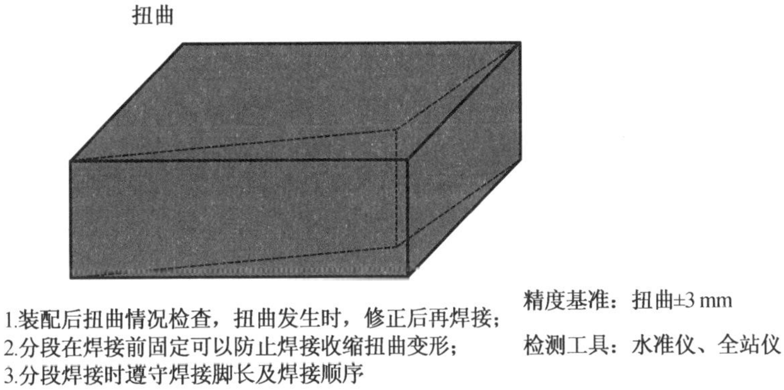

图1－7　扭曲变形精度测量

(5)检测工具的使用注意事项

实施尺寸精度的控制,对检测量具本身精度偏差的控制至关重要,必须最大限度减小和消除检测工具相对误差的存在,以保证测量和统计数据的准确性、可靠性,满足各个控制阶段的精度要求。

①根据我国检测工具计量的规定,造船所用的检测工具(包括卷尺、游标卡尺、测厚仪、水平仪和激光经纬仪等)必须经过计量。对检测量具实施定期的复核鉴定十分必要,这是实施精度管理必要的准备工作。

②误差值偏离精度要求的和已经损坏的量具不准继续使用,要及时维修或更换。量具修复后,应重新计量,合格方可继续使用。

③应经常性地开展正确使用量具的技术教育,检查和督促作业人员正确、合理地使用各种量具。对新工人要及时进行量具使用的技术教育。合理使用量具的内容很多,如对卷尺的使用要求有以下几个方面:卷尺拉长后不准折叠;卷尺使用不能乱放尺芯;长期不用的卷尺要上油保养;在刚切割完工或其他热加工后的工件上复验尺寸时,必须待工件冷却后进行;测量时卷尺要放平,两端拉力要稳定,必要时使用拉力计。

(6)船舶建造测量的主要研究内容

①测量船体(分段)的型长、型宽、型深。

②还原船舶设计坐标系。

③绘制吃水线和水尺。

④船舶分段建造三维放样。

⑤测量隐蔽点。

⑥计算船舶分段空间位置。

⑦检测船舶分段建造精度。

⑧测量船底平面度。

在实际船舶建造的测量操作中,由于受到多种因素的影响,测量所得的量值 X 通常并不能准确地等于被测量量的真值 A,我们将二者之差称为测量误差。测量误差按性质分为粗差、系统误差和偶然误差三种。

粗差是由于观测者的疏忽所造成的错误结果或超限的误差。

系统误差常有一定的累积性,所以在测量结果中,应尽量消除或减小系统误差的影响。

偶然误差是测量条件中受各种随机因素的偶然性影响而产生的误差。偶然误差可视为服从正态分布的随机变量。

船舶建造精度测量误差主要包括测量人员误差、仪器误差、测量方法误差、测量环境误差和材料误差五个来源。

三、船体结构尺寸基准

船体是一个复杂的空间曲面体,船体构件的形状、尺寸和位置各式各样。为了正确测量船体结构的精度,必须明确统一的尺寸基准。只有确立了尺寸基准,才便于在工艺过程中测量和检验船体构件、部件和分段等的形状与尺寸,分析产生误差的原因,采取精度控制措施,以达到提高船舶精度的目的。

1. 主船体的尺寸基准

在船舶设计和建造阶段,确定船体形状与位置的尺寸基准采用的是三基面体系。三基面体系由三个相互垂直的平面组成，分别为基平面、中线面和中站面（图 1－8）。基平面是过船体龙骨线与中站线的交点所作的水平面。中线面是沿着船舶纵向中线垂直于基平面的平面。中站面是过垂线间长的中垂线作垂直于基平面的平面。基平面是船体高度方向的基准，中线面是船体宽度方向的基准，中站面是船体长度方向的基准（为方便计算，现多用艉垂线作为船体长度方向的基准）。

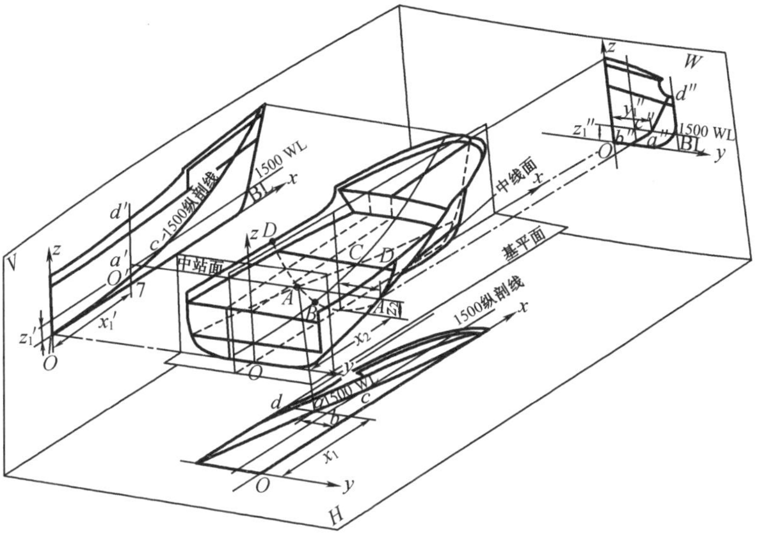

图 1－8　船体三基面体系

船体主尺度表示船体外形大小的主要尺度，通常包括船长、船宽、船深、吃水和干舷（图 1－9）。在船舶建造过程中，它是作为核定船台、船坞或某个区域建造能力的标志。

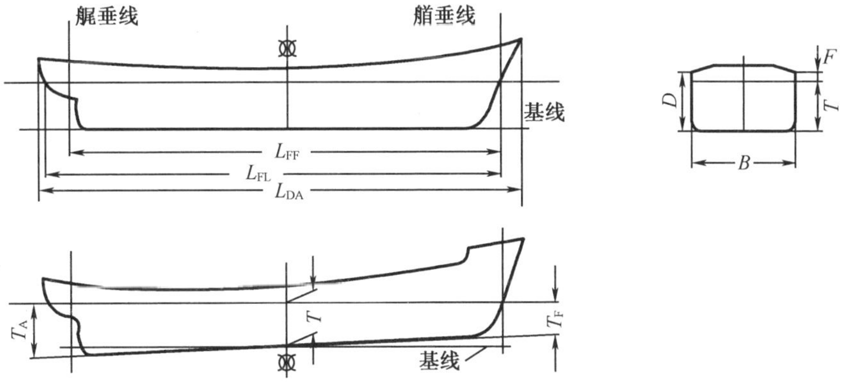

图 1－9　船体主要尺度

2. 船体零部件的尺寸基准

船体零部件有的由型钢、钢板各自单独加工而成，有的由型钢、钢板组合而成。它们的形状位置不同，尺寸基准也不同。

（1）型钢构件、组合型材的尺寸基准

构件理论线作为其外形的基准，理论线上某一点的垂线作为其长度方向的基准，理论线与垂线组成的平面是型材平直度的基准面，工艺上用样板或平台作为型钢平直度的基准。

（2）板材的尺寸基准

平直板材以相互垂直的两根直线作为板的基线，两直线组成的平面作为板平面度的基准面，工艺上以平台作为板平面度的基准面。曲面板材的形状是由加工样板或样箱确定的，它的尺寸基准就是样板或样箱。

（3）肋骨框架的尺寸基准

肋骨理论线作为其形状的基准，肋骨平面作为其平面度的基准面，船体中线作为其宽度方向的基准，某一水线作为其高度方向的基准。

（4）主机座的尺寸基准

机座中心线作为机座宽度方向的基准，主机轴线作为其高度方向的基准，机座中某一横隔板作为其长度方向的基准。

3. 船体分段的尺寸基准

（1）平面分段的尺寸基准

相互垂直的两直线作为尺寸基准，由这两根直线组成的平面作为其平面基准，工艺上用平台作分段平面度的基准面。

（2）曲面分段或立体分段的尺寸基准

它们的尺寸基准就是胎架的尺寸基准，即以胎架基准面作为高度方向的基准，基准面上两根相互垂直的直线——胎架中心线与某一肋位线作为分段宽度方向和长度方向的基准。为了便于分段精度控制，我们在主板、桁材、肋板和骨材上都要开出 100 MK 基准线。

为了在全船施工中将基准线形成统一的标准并且方便施工人员分段装配、总组和搭载施工，设定统一的 100 MK 基准线，本尺寸为理论值。在实际工作中按照 100 mm 减去相应的半边坡口间隙值后进行施工。在总组、搭载时将基准线之间的尺寸控制在 200 mm，从而对整个总组和搭载进行控制，如图 1－10 所示。

基准线施工的位置根据工作的需要大致按照以下部位进行施工：以机舱前舱壁为界，在船首方向以船尾为基准，在船尾方向以船首为基准施工，如图 1－11 所示。

船首、船尾方向的施工基准：船左右方向的分段（甲板、双层底等）以中线和艉部为基准施工。船左右方向的施工基准：船上下方向的分段（舷侧、舱壁等）以底部和艉部为基准施工，如图 1－12 所示。

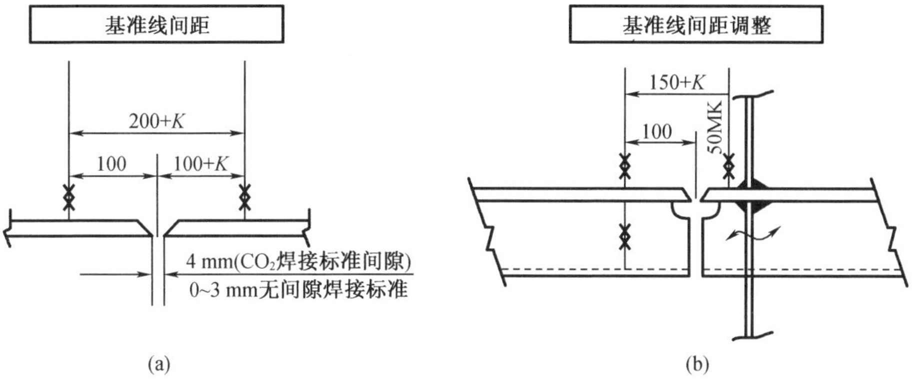

K—搭载补偿量。

图 1－10　基准线示意图

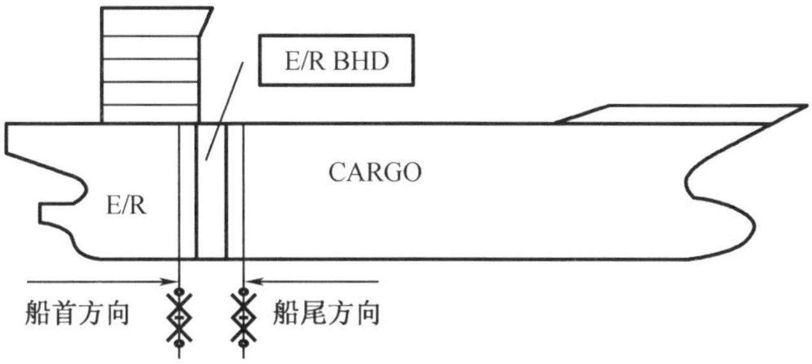

图 1－11　艏艉基准线

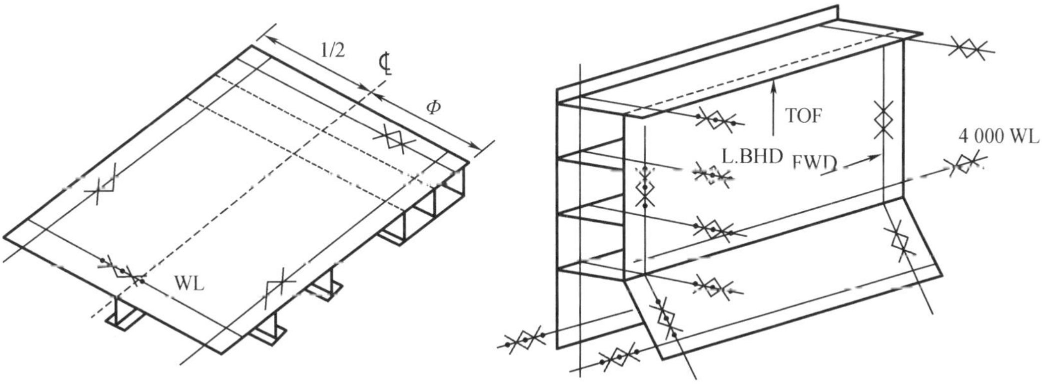

图 1－12　船左右、上下方向分段基准线

底部分段是货舱区最基本的分段形式，针对有横舱壁构架的部位，其水平度尤其应该重点控制。

舭部分段也是货舱区最基本的分段形式，尤其是带有横舱壁构架的部位需重点检测。

4. 搭载的尺寸基准

船坞（船台）的中心线作为船体宽度方向的基准，船坞（船台）高度标杆上的船体基线作为船体高度方向的基准,船坞(船台)上基准分段的定位肋骨线作为船体长度方向的基准。为方便施工,分段上的肋骨检验线、水线和直剖线等对合线也可以作为搭载的尺寸基准。

5. 名词术语定义

船舶精度标准是船舶设计、制造与检验部门为确保船体建造质量而制定的技术文件,又是推行船舶精度管理及实施尺寸精度控制的依据。为了正确表述船舶精度标准,对下列名词进行定义:

(1)船体分段

船体分段是指为方便船体结构建造合理划分的结构单元,通常是为总段而形成的中间产品。

(2)余量

余量是指对船体零件、工件和中间产品通过加工、装焊、火工矫正等多道工序所产生的变形及收缩进行定性和定量分析后,加放的比实际变形及收缩略大的工艺量值,一般要在装配后割除。

(3)补偿量

补偿量是指对船体零件、工件和中间产品通过加工、装焊、火工矫正等多道工序所产生的变形及收缩进行定量分析后,加放的相当于实际变形和收缩的工艺量值,一般不需要再切割。

(4)基本尺寸

基本尺寸是指图面上标注的理论尺寸,它是描述零件、工件和中间产品(部件、分段和总段)的几何形状、外形尺寸及所处位置的量值。

(5)实际尺寸

实际尺寸是指零件、工件和中间产品完工后测得的尺寸。

(6)标准范围

标准范围是指正常控制、检验尺寸偏差满足精度造船的偏差范围。

(7)允许极限

允许极限是指检验尺寸偏差时,允许少数偏差超出标准范围的最大偏差值。

(8)尺寸误差

尺寸误差是指被测实际尺寸的分散程度。工件加工后所得的尺寸与规定的尺寸不一致,这个差值就是尺寸误差,如分段长度、舵杆中心距偏差等。

(9)形状误差

形状误差是指被测单一实际要素对其理想要素的变动量,如钢板边缘的直线度、平台的平面度、压力容器的圆度等。

(10)位置误差

位置误差是指被测关联实际要素对一具有确定方向或位置的理想要素的变动量,如总段两端接缝的平行度、端接缝与基面的垂直度等。

(11)表面粗糙度

表面粗糙度是指加工表面上留下的大量小间距峰谷所组成的微观几何形状特性，如气割加工后的钢板边缘情况等。

6. 计算公式

下述的各种制图法和计算公式主要用于现场作业、精度测量和检测单原始作图。

(1)求直角

①利用勾股定理求直角。

$$C^2 = A^2 + B^2，所以\ C = \sqrt{A^2 + B^2}$$

$$A^2 = C^2 - B^2，所以\ A = \sqrt{C^2 - B^2}$$

$$B^2 = C^2 - A^2，所以\ B = \sqrt{C^2 - A^2}$$

②利用垂直二等分求解。

如图 1－13 所示，先取 AB 中心点 D，然后以 A 为圆心在 C 处作任意圆弧，又以 B 为圆心在 C 处也作一个同样半径的圆弧，此后取交点 C，连接点 C 和点 D，再连接点 A 和点 C 及点 B 和点 C，得到的△ADC 和△BDC 为全等的直角三角形。

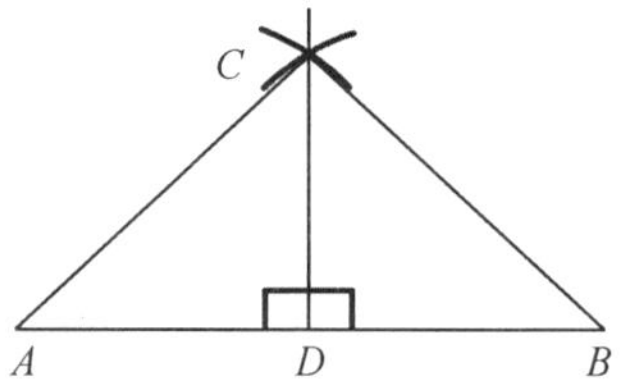

图 1－13　垂直二等分

③相似三角形对应边长成比例。

【例 1－1】　如图 1－14 所示，有一个下边长为 10、高为 5 的大三角形，现作一个下边长为 5、高平行于大三角形高的小三角形，则小三角形的高为多少？

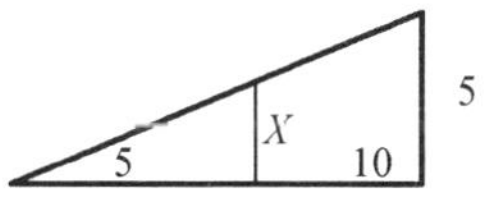

图 1－14　相似三角形对应边长成比例

解　由 $10:5 = 5:X$

可得

$$10X = 5 \times 5$$

可得

$$10X = 25$$

即

$$X = \frac{25}{10} = 2.5$$

即小三角形的高为2.5。

(2)应用三角函数

①直角三角形的三角函数。

如图1-15所示，Rt△ABC中，$\angle C = 90°$，三条边长分别为a、b、c，则$\sin A = \frac{a}{c}$，$\sin B = \frac{b}{c}$，$\tan B = \frac{b}{a}$，$\cot B = \frac{a}{b}$。

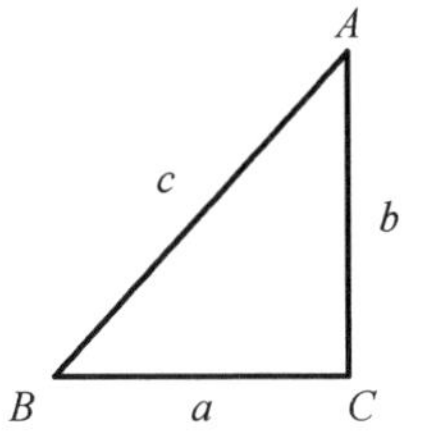

图1-15　直角三角形的三角函数

②正弦法则。

如图1-16所示，△ABC的$\angle A$、$\angle B$、$\angle C$和三条边长a、b、c，以及其外接圆的半径R遵守下述法则：

$$\frac{a}{\sin A} = \frac{b}{\sin B} = \frac{c}{\sin C} = 2R$$

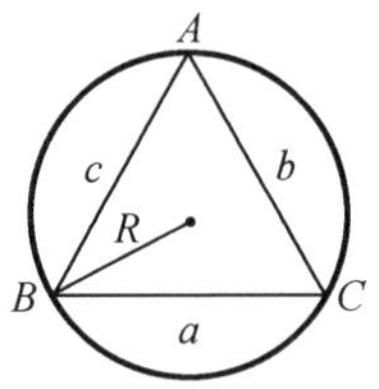

图1-16　正弦法则

【例 1-2】 如图 1-17 所示，$\triangle ABC$ 中的 $\angle A=60°$，$\angle B=30°$，$b=2$，求 a 和半径 R。

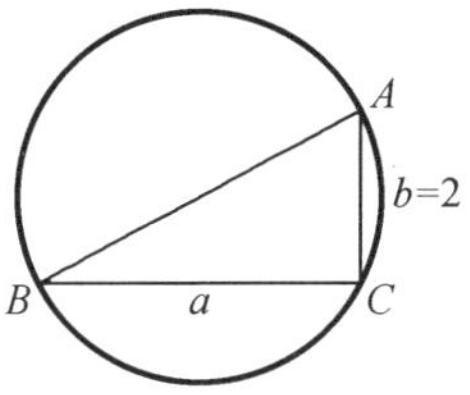

图 1-17　正弦法则例题

解　由 $\frac{a}{\sin 60°}=\frac{2}{\sin 30°}$

可得

$$a=\frac{2}{\sin 30°}\times\sin 60°=2\sqrt{3}=3.464$$

又由 $\frac{2}{\sin 30°}=2R$

可得

$$R=\frac{1}{\sin 30°}=2$$

任务二　船舶精度测量工具的使用与维护

一、水准仪的使用与维护

1. 水准仪的使用

水准仪广泛应用于建筑行业引测、大面积场地测量、楼面水平线标志、沉降观测等，是通过建立水平视线来测定地面两点间高差的仪器，具有精度高、使用方便、快速、可靠等优点。水准仪是提供水平视线的仪器，按精度分为精密水准仪和普通水准仪两种。水准仪通常有 DS_{05}、DS_1、DS_3 等。其中“D”和“S”分别为“大地”和“水准仪”首字汉语拼音的首字母，而下标是仪器的精度指标，即每千米测量中的偶然误差（以 mm 为单位）。水准仪按结构可分为微倾式水准仪、自动安平水准仪、激光水准仪和数字水准仪（又称电子水准仪）。利用水准管来获得水平视线的微倾式水准仪和利用补偿器来获得水平视线的自动安平水准仪，以及一种新型的水准仪——电子水准仪，它配合条形码标尺，利用数字化图像处理的方法，可自动显示高程和距离，使水准测量实现了自动化。

本节以 DS_3 微倾式水准仪为例介绍水准仪基本使用方法。DS_3 微倾式水准仪由基座、目镜、物镜、脚螺旋等部件构成,如图 1 – 18 所示。

(1)安置水准仪

在测站上松开架腿的蝶形螺旋,按需要调整架腿的长度,将螺旋拧紧。将三脚架张开,使架头大致水平,保证支架稳定,确保脚架的脚尖在地面上不会滑动。然后把水准仪从箱中取出,将其固连在三脚架上。

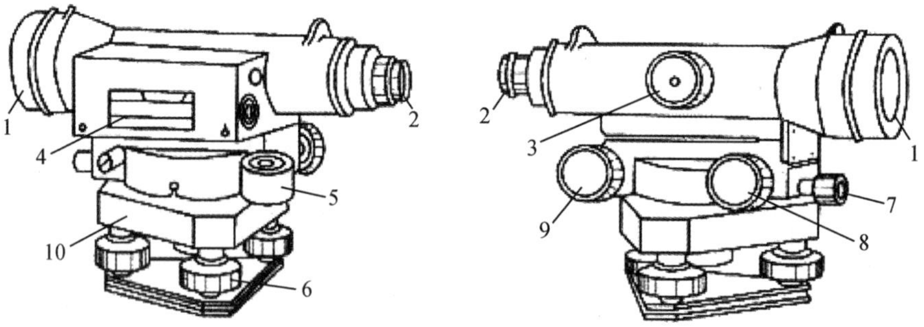

1—物镜;2—目镜;3—调焦螺旋;4—管水准器;5—圆水准器;6—脚螺旋;

7—制动螺旋;8—微动螺旋;9—微倾螺旋;10—基座。

图 1 – 18　DS_3 微倾式水准仪

(2)认识水准仪

指出仪器各部件的名称,了解其作用并熟悉其使用方法;同时弄清水准尺的分划与注记。

(3)粗略整平水准仪

按"左手拇指规则",先用双手同时反向旋转一对脚螺旋,使圆水准器气泡移至中间,再转动另一只脚螺旋使气泡居中。通常需要反复进行,如图 1 – 19 所示。

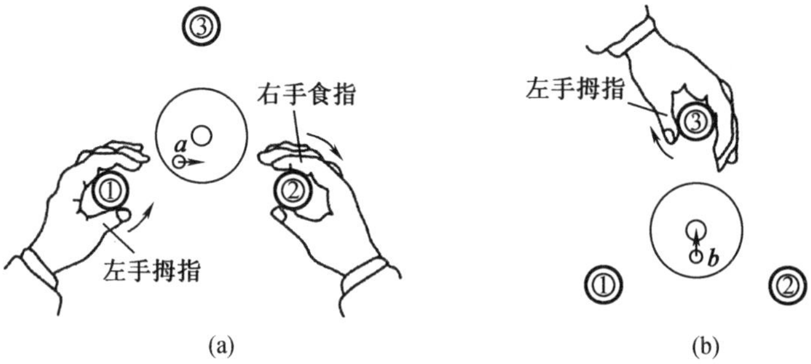

(a)　　(b)

图 1 – 19　整平

(4)瞄准水准尺

瞄准水准尺的步骤是:转动目镜对光螺旋,使十字丝清晰;松开水平制动螺旋,转动望远镜,通过望远镜上的缺口和准星初步瞄准水准尺,固定水平制动螺旋;转动物镜对光螺旋,使水准尺分划清晰;旋转水平微动螺旋,使水准尺影像的一侧靠近十字丝竖丝(便于检查水准尺是否竖直)；视线略上下移动，检查十字丝与水准尺分划像之间是否有相对移动(视差)；如果存在视差，则重新进行目镜与物镜对光，消除视差。

(5)精确整平水准仪

转动微倾螺旋，使符合水准器气泡两端的像吻合。注意微倾式螺旋转动方向应与符合水准管左侧气泡移动方向一致。

(6)读数

用十字丝的中丝在水准尺上读取4位读数。读数时，先估读毫米数，然后按米、分米、厘米及毫米一次读出。

在船厂测量过程中，对分段进行平面度、直线度测量时，可以采用水准仪来进行操作。如图1-20所示，将分段的控制点选好之后，架设好仪器，在各个测站点立好标杆，利用水准仪照准、读数。通过测量数据分析，可以测定出分段平面度。对于直线度测量，也可以通过水准仪来进行测量。

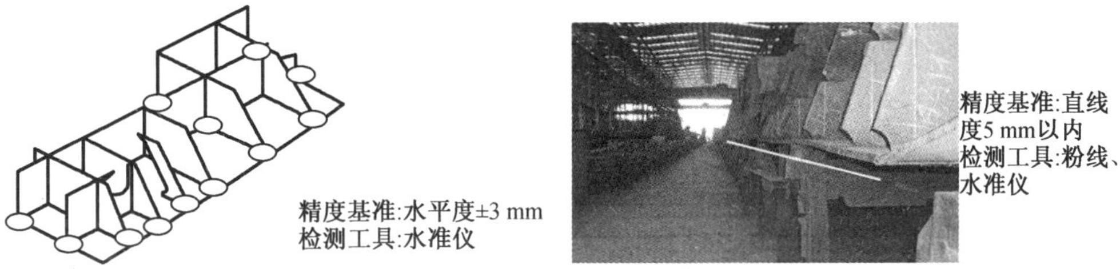

图1-20　水准仪船厂实践应用

2. 水准仪的维护

①水准仪是精密的光学仪器，正确、合理使用和保管对仪器精度和寿命有很大的作用。

②避免阳光直晒，不可随便拆卸仪器。

③每个微调都应轻轻转动，不要用力过猛。镜片、光学片不准用手触片。

④仪器有故障，应由熟悉仪器结构者修理。

⑤每次使用完后，应将仪器擦干净，并保持干燥。

二、经纬仪的使用与维护

1. 经纬仪的使用

(1)安置仪器

安置仪器是将经纬仪安置在测站点上，包括对中和整平两项内容。对中的目的是使仪器中心与测站点标志中心位于同一铅垂线上。整平的目的是使仪器竖轴处于铅垂位置，水平度盘处于水平位置。

(2)初步对中

①用锤球对中时，其操作方法如下。

a. 将三脚架调整到合适高度，张开三脚架安置在测站点上方，在脚架的连接螺旋上挂上锤球，如果锤球尖离标志中心太远，可固定一脚移动另外两脚，或将三脚架整体平移，使锤球尖大致对准测站点标志中心，并注意使架头大致水平，然后将三脚架的脚尖踩入土中。

b. 将经纬仪从箱中取出，用连接螺旋将经纬仪安装在三脚架上。调整脚螺旋，使圆水准器气泡居中。

c. 此时，如果锤球尖偏离测站点标志中心，可旋松连接螺旋，在架头上移动经纬仪，使锤球尖精确对中测站点标志中心，然后旋紧连接螺旋。

②用光学对中器对中时，其操作方法如下。

a. 使架头大致对中和水平，连接经纬仪；调节光学对中器的目镜和物镜对光螺旋，使光学对中器的分划板小圆圈和测站点标志的影像清晰。

b. 转动脚螺旋，使光学对中器对准测站点标志中心，此时圆水准器气泡偏离，伸缩三脚架架腿，使圆水准器气泡居中，注意脚架尖位置不得移动。

(3)精确整平和对中

①整平。先转动照准部，使水准管平行于任意一对脚螺旋的连线，两手同时向内或向外转动这两个脚螺旋，使气泡居中，注意气泡移动方向始终与左手拇指移动方向一致；然后将照准部转动90°，转动第三个脚螺旋，使水准管气泡居中；再将照准部转回原位置，检查气泡是否居中，若不居中，则按上述步骤反复进行，直到无论水准管在什么位置，气泡偏离零点都不超过一格为止。

②对中。先旋松连接螺旋，在架头上轻轻移动经纬仪，使锤球尖精确对中测站点标志中心，或使对中器分画板的刻画中心与测站点标志影像重合；然后旋紧连接螺旋。锤球对中误差一般可控制在3 mm以内，光学对中器对中误差一般可控制在1 mm以内。

整平和对中，一般都需要经过几次“整平—对中—整平”的循环过程，直至整平和对中均符合要求，如图1－21所示。

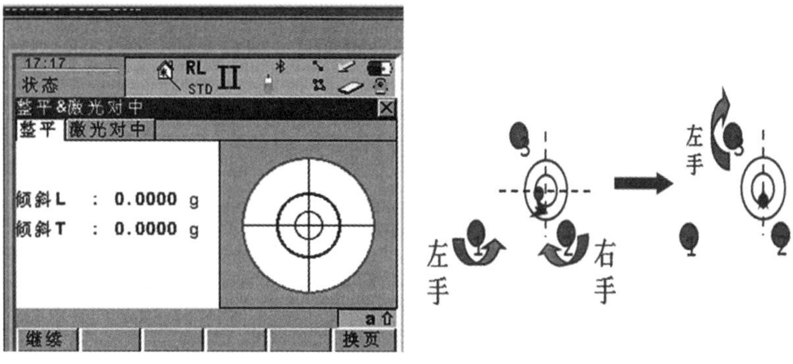

图1－21　经纬仪的整平和对中

(4)瞄准目标

①松开望远镜制动螺旋和照准部制动螺旋,将望远镜朝向明亮背景,调节目镜对光螺旋,使十字丝清晰。

②利用望远镜上的照门和准星粗略对准目标,拧紧照准部及望远镜制动螺旋;调节物镜对光螺旋,使目标影像清晰,并注意消除视差。

③转动照准部和望远镜微动螺旋,精确瞄准目标。测量水平角时,应用十字丝交点附近的竖丝瞄准目标底部。

(5)读数

①打开反光镜,调节反光镜镜面位置,使读数窗亮度适中。

②转动读数显微镜目镜对光螺旋,使度盘、测微尺及指标线的影像清晰。

③根据仪器的读数设备,按前述的经纬仪读数方法进行读数。

2. 经纬仪的维护

①经纬仪是精密仪器,使用时要十分谨慎,各个螺旋要慢慢转动。不能大幅度地、快速地转动照准部及望远镜。微动螺旋的有效范围不大,不可一味单向旋进或旋出。使用时应有"轻重感",如稍有阻滞感,就要反方向适当旋转微动螺旋,然后放松制动螺旋重新瞄准目标。

②进入作业区域,在架设仪器之前先仔细观察周围环境,选择相对空旷的地面进行测量。

③在测量分段时,严禁触碰仪器或使仪器晃动。(如电焊皮带,门机行驶,铲车平板车行驶等)

④在测量过程中严禁测量人员离开仪器,要做到人不离机。

⑤测量完成之后,在确保所有配件都齐全的情况下才能离开现场。

⑥注意合理使用和维护仪器及配件。

3. 用经纬仪测量平面度(图 1 - 22)

(1)使用情况

①计测点能全部照光。

②在海上不能使用水平仪。

③在试装时,焊后的跟踪计测用经纬仪。

④在用经纬仪时,省去计测后的平面修正。

(2)安装经纬仪

依照倾斜面安装要领,将经纬仪安装在中线上,在 P、P'的高度 H、H'及 P_1、P_2、P_3、P_4 各点的高度 H_1、H_2、H_3、H_4 相等时固定。

(3)计测高度

计测样板安在 P 点上,尺寸的刻度 0 与经纬仪相对合时,便可计测各计测点的高度。

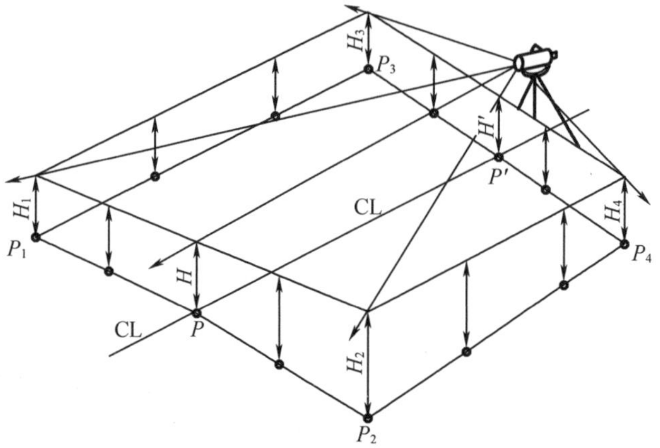

图 1-22　用经纬仪测量平面度

(4)记录计测值

各计测点的计测值就是以 H' 点为基准的 U^{DK} 的平面度,将各点的计测值写在计测图上。

三、全站仪的使用与维护

1. 全站仪基本知识

全站仪,即全站型电子测距仪(electronic total station range finder),是一种集光、机、电为一体的高技术测量仪器,是集水平角、垂直角、距离(斜距、平距)、高差测量功能于一体的测绘仪器系统。其类型主要有编码盘测角系统、光栅盘测角系统及动态(光栅盘)测角系统三种。

全站仪上半部分包含测量的四大光电系统,即水平角测量系统、竖直角测量系统、水平补偿系统和测距系统。通过键盘可以输入操作指令、数据和设置参数。以上各系统通过 I/O 接口接入总线与微处理机(CPU)联系起来。微处理机是全站仪的核心部件,主要由寄存器系列(缓冲寄存器、数据寄存器、指令寄存器)、运算器和控制器组成。微处理机的主要功能是根据键盘指令启动仪器进行测量工作,执行测量过程中的检核和数据传输、处理、显示、储存等工作,保证整个光电测量工作有条不紊地进行。输入输出设备是与外部设备连接的装置(接口),能使全站仪与磁卡和微机等设备交互通信、传输数据。

目前,世界上许多著名的测绘仪器生产厂商均生产有各种型号的全站仪。例如:瑞士徕卡公司生产的 TC 系列;日本拓普康公司生产的 GTS-330N 系列,索佳公司生产的 SET 系列,宾得公司生产的 PCS 系列,尼康公司生产的 DMT 系列;以及瑞典捷创力公司生产的 GDM 系列。我国南方测绘仪器公司 20 世纪 90 年代生产的 NTS-342 系列、苏州一光仪器有限公司生产的 OTS 系列和 RTS 系列徕卡金站仪等,在国内众多的工程单位中都有广泛的应用,如图 1-23 所示。

2. 全站仪的特点

全站仪是由电子经纬仪、光电测距仪和微处理器组成的一种新型测量仪器。

全站仪能够在一个测站上完成水平角、垂直角和倾斜距离三种基本数据的采集，并通过仪器内部的中央处理器，由这三种基本数据计算出平距、高差、高程及坐标等数据。

(a)拓普康GTS-330N系列

(b)徕卡全站仪

(c)NTS-342系列

图 1－23　全站仪的几种类型

①可在一个测站上同时实现多种功能，并能存储一定数量的观测数据。

测角度：水平角（*HR* 或 *HL*）与垂直角（*V*）。

测距离：斜距（*SD*）、平距（*HD*）、高差（*VD*）。

测坐标：*X*、*Y*、*Z*。

放样：线放样与坐标放样。

②可以通过传输接口把野外采集的数据与计算机、绘图仪连接起来，再配以数据处理软件和绘图软件，可实现测图的自动化。

③全站仪内部有双轴补偿器，可自动测量仪器竖轴和水平轴的倾斜误差，并对角度观测值予以改正。

全站仪可以完成几乎所有的常规测量工作，现已应用于控制测量、地形测量、工程测量等测量工作中。

3. 全站仪构造

图 1－24 和图 1－25 所示为两种常见的全站仪构造图。

4. 全站仪操作步骤

（1）仪器的对中和整平

①安置三脚架。将三脚架打开，伸到适当高度，使三脚架腿等长，拧紧三个固定螺旋。三脚架头位于测点上且近似水平，三脚架腿牢固地支撑于地面之上，如图 1－26(a)所示。

②将仪器安置到三脚架上。将仪器小心地安置到三脚架上，松开中心连接螺旋，在架头上轻移仪器，直到锤球对准测站点标志中心，然后轻轻拧紧连接螺旋。在操作过程中，一手握住仪器，一手旋紧松紧螺旋，在固定好仪器后才可以松开仪器，如图 1－26(b)所示。

③测点调焦。通过光学对点器目镜观察,选装对中器的目镜至分划板十字丝看得最清楚,再旋转对点器焦环至地面测点看得最清楚。使测点位于十字丝中心,调节仪器的脚螺旋使测点位于光学对点器的小圆圈中心,如图 1 –26(c)所示。

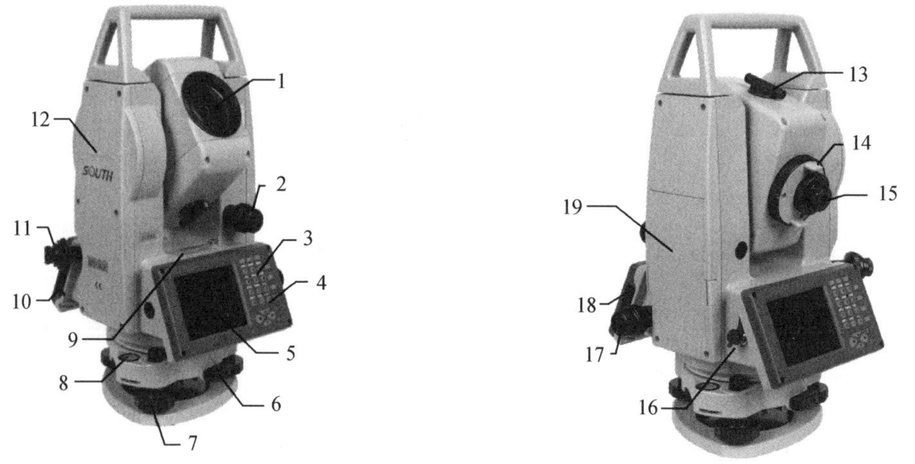

1—物镜;2—垂直制微动手轮;3—光传感器;4—键盘;5—屏幕;6—基座锁定钮;7—整平脚螺旋;8—圆水准器;9—管水准器;10—SD 卡;11—光学对点器/可选激光对点器;12—仪器中心标志;13—粗瞄器;14—望远镜把手;15—目镜;16—RS232 电缆接口;17—水平制微动手轮;18—U 盘、USB 接口;19—电池。

图 1 –24　全站仪构造图

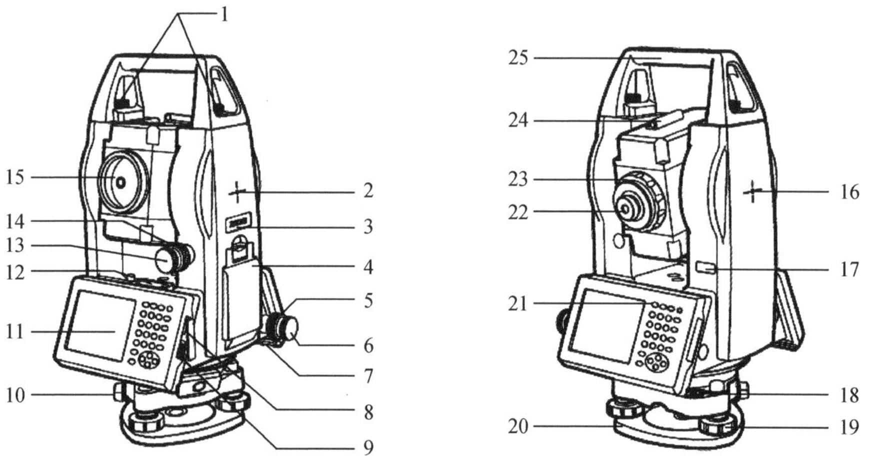

1—提手固定螺丝;2—仪器中心标志;3—仪器型号;4—电池;5—水平制动螺旋;6—水平微动螺旋;7—触摸笔;8—USB 口(连接计算机);9—USB 口(插 U 盘);10—基座固定钮;11—显示屏;12—长水泡;13—垂直微动螺旋;14—垂直制动螺旋;15—物镜;16—仪器中心标志;17,18—仪器号码;19—基座脚螺旋;20—基座;21—按键;22—目镜;23—调焦手轮;24—粗瞄准器;25—提手。

图 1 –25　RTS352 全站仪构造示意图

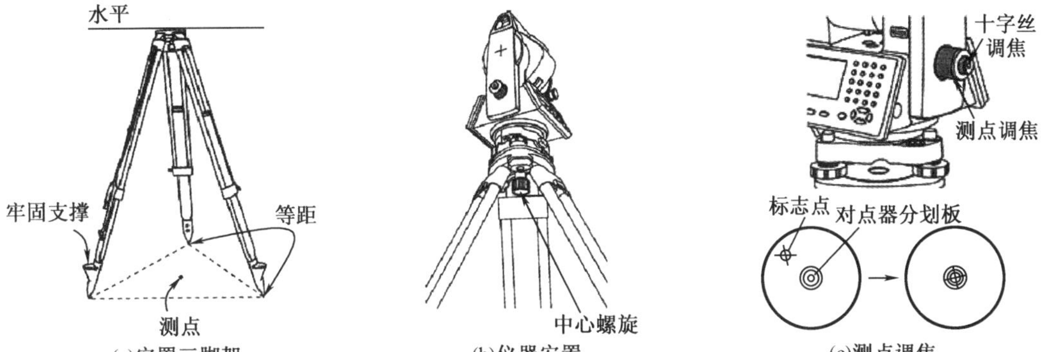

(a)安置三脚架　(b)仪器安置　(c)测点调焦

图 1－26　仪器安装

(2)水准气泡对中和整平

①使圆水准器气泡居中。缩短离气泡最近的三脚架腿,或者伸长离气泡最远的三脚架腿,使气泡居中,此操作须重复进行。

②使照准部水准器气泡居中。松开水平制动手轮,转动照准部,使长水泡平行于脚螺旋 A、B 的连线,旋转脚螺旋 A、B 使气泡居中,气泡向顺时针旋转的脚螺旋方向移动,如图 1－27(a)所示。

③旋转 90°使气泡居中。将照准部旋转 90°使照准部水准器轴垂直于仪器脚螺旋 A、B 的连线,旋转脚螺旋 C 使气泡居中,如图 1－27(b)所示。

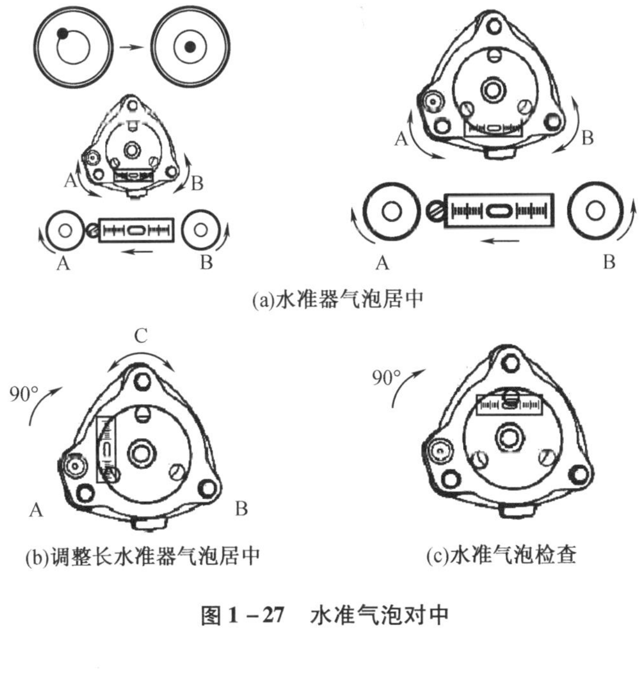

(a)水准器气泡居中

(b)调整长水准器气泡居中　(c)水准气泡检查

图 1－27　水准气泡对中

④旋转90°并检查气泡位置。将照准部旋转90°并检查气泡是否居中，若不居中按下述步骤操作，如图1－27(c)所示。

a. 等量反向旋转脚螺旋A、B，使气泡向中心移动偏移量的一半。

b. 将照准部旋转90°，再旋转脚螺旋。

⑤检查气泡在任何方向上是否都位于同一位置。如果不位于同一位置，应重复上述步骤整平。

⑥再次检查确认照准部水准器气泡保持居中。如不居中，重复步骤③后的操作。

(3)电子水泡

①按“ON”键开机。

②按“★”键使电子水准器显示在屏幕上，如图1－28(a)所示。

③使原水泡居中。

④转动仪器照准部使望远镜平行于脚螺旋A、B连线后旋紧水平制动螺旋，如图1－28(b)所示。

⑤旋转脚螺旋A、B使X方向倾角值为“0”，旋转脚螺旋C使Y方向倾角值为“0”，如图1－28(c)所示。

⑥按“ESC”键结束。

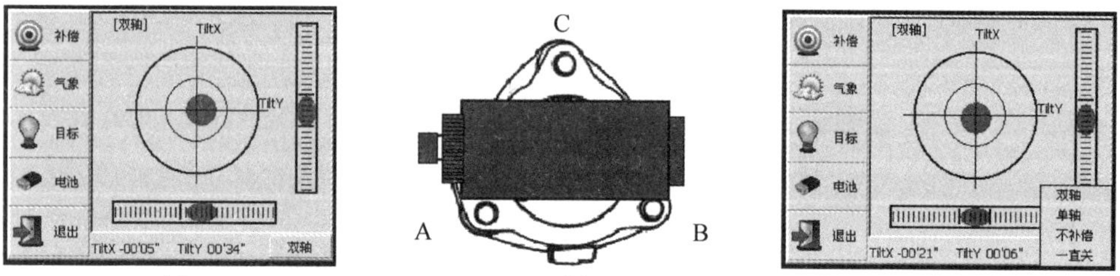

(a)　(b)　(c)

图1－28　电子水泡调平

(4)物镜调焦、照准

①目镜调焦。

用望远镜观察一明亮的背景。将目镜顺时针旋到底，再逆时针方向慢慢旋转至十字丝成像最清晰。

②照准目标。

松开垂直和水平制动螺旋，用粗瞄准器瞄准目标使其进入视场，锁紧两个制动螺旋。

③物镜调焦(图1－29)。

旋转望远镜调焦至目标成像最清晰。用垂直和水平微动螺旋使十字丝精确照准目标。

微动手轮的最终旋转方向都应是顺时针方向。再次调焦至无视差，直至使目标成像与十字丝间不存在视差。

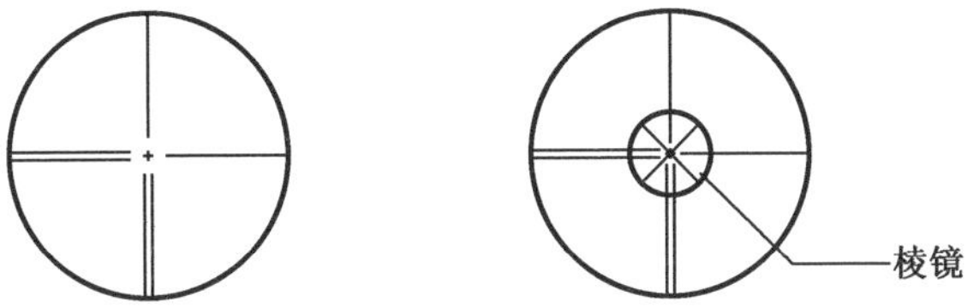

图 1－29　物镜调焦

5. 全站仪使用注意事项

①将仪器架设到三脚架上时，务必固紧三角基座制动控制杆和中心螺旋，以免仪器跌落伤人。

②架设仪器时，务必固紧三脚架的脚螺旋，以免三脚架倒下伤人。

③禁止将三脚架脚尖对准他人，以免碰伤。

④架设三脚架时，应注意防止手脚被三脚架脚尖刺伤。

⑤搬拿三脚架前务必固紧脚螺旋，以免三脚架脚滑出伤及他人。

⑥禁止直接用望远镜观察太阳，以免损伤视力甚至造成失明。

⑦禁止用望远镜观察经棱镜或其他反射目标反射的太阳光，以免损伤视力。

⑧禁止坐在仪器箱上，以免滑倒受伤。

⑨禁止将仪器置于锁扣、背带或提柄已受损的仪器箱内，以免箱体或仪器跌落造成人员受伤或仪器受损。

⑩禁止挥动或抛甩锤球，以免伤人。

⑪确保固紧提柄固定螺丝，以免提拿仪器时仪器跌落造成人员受伤或仪器受损。

⑫小心轻放，避免撞击与剧烈震动，给仪器造成损伤。

⑬避免仪器曝露在高温环境下工作，以免造成仪器受损；在烈日、雨天、潮湿环境下作业，必须做好仪器保护工作。

⑭当将仪器从仪器箱取出或装入仪器箱时，应握住仪器提手和底座，不可握住显示单元的下部。

⑮使用仪器时，应穿戴上必要的安装装备（如安全鞋、安全帽）。

⑯如果测站之间距离较远，搬站时应将仪器卸下，装箱后背走。行走前要检查仪器箱是否锁好，以及安全带是否系好；如果测站之间距离较近，搬站时可将仪器连同三脚架一起靠在肩上，但仪器要尽量保持直立放置。

⑰搬站之前，应检查仪器与脚架的连接是否牢固，搬运时应把制动螺旋略微关住，使仪

器在搬站过程中不致晃动。

6. 全站仪坐标法测量原理

全站仪架设在已知点上，只要输入测站点、后视点的坐标，就可测定待定点的三维坐标。如图 1－30 所示，O 为测站点，P 为放样点，S 为斜距，β 为天顶距，α 为水平方向值，则 P 点相对测站点的三维坐标，x，y，h 可由图 1－30 求出。

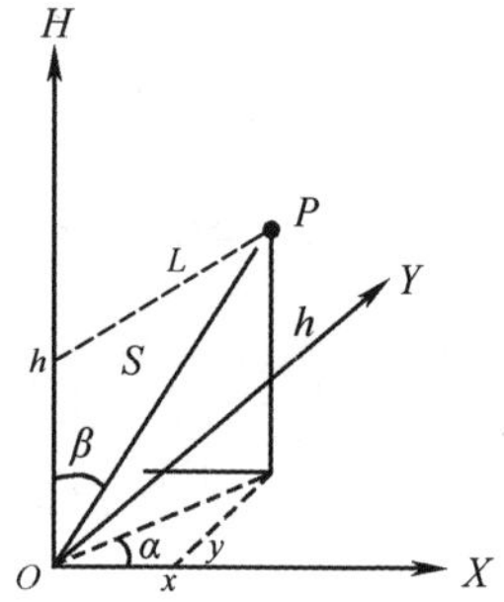

图 1－30　坐标测量原理

由图中的直角三角形可得

$$\begin{cases} \sin\beta = \dfrac{L}{S}, \cos\beta = \dfrac{h}{s} \\ \sin\alpha = \dfrac{y}{L}, \cos\alpha = \dfrac{x}{L} \end{cases}$$

整理可得

$$\begin{cases} x = S\sin\beta\cos\alpha \\ y = S\sin\beta\sin\alpha \\ h = S\cos\beta \end{cases}$$

项目二　下料阶段精度控制

知识目标

1. 了解板材下料基本精度控制要求，掌握其检验方法。
2. 了解型材下料基本精度控制要求，掌握其检验方法。
3. 了解型板下料基本精度控制要求，掌握其检验方法。
4. 了解曲面型板加工精度控制要求，掌握其检验方法。

能力目标

1. 能按照精度控制标准要求进行板材下料精度检验。
2. 能按照精度控制标准要求进行型材下料精度检验。

任务一　板材下料精度控制

一、准备工作

1. 概念

板材下料是指板材切割、打磨、理料、发送过程，包括数控切割开坡口。板材下料处在工艺阶段的最初期，其工艺流程如图 2－1 所示。

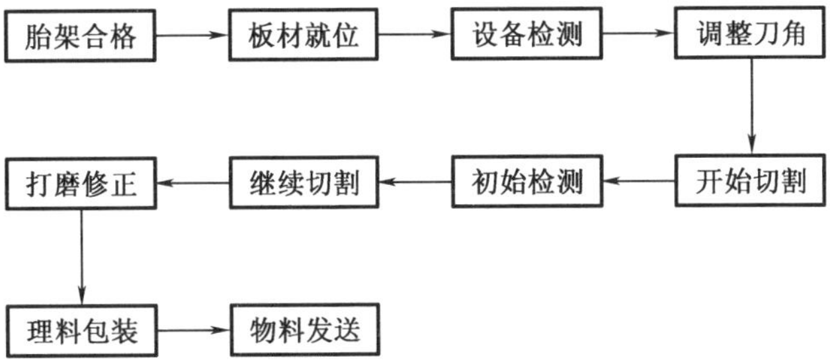

图 2－1　板材下料工艺流程

2. 精度控制点

(1)胎架检测

施工者每周对板材下料胎架及切割机轨道精度检测一次并记录,确保符合精度要求。

(2)设备检测

板材就位后应进行机械的精度检测,等离子切割机和火焰切割机都应每日空走3遍,测量模拟切割尺寸。

(3)初始检测

要求在每天切割第一块板材时,随机择样,检测实际切割尺寸和坡口角度,在确认实际数据在允许误差范围之内后,方可继续切割。

(4)施工自检

施工随机自检5次并记录(200*A*数控切割机精度超差)。

3. 专用检测工具

①长度、宽度检测工具为钢卷尺。

②内径检测工具为钢卷尺。

③坡口角度检测工具为角度尺。

④所有检测工具应具备计量证书,并定期校准。

4. 精度检验标准

板材下料精度基准技术参数见表2-1。

表2-1 板材下料精度基准技术参数

单位:mm

场所	项目	标准	允许极限
NC气割机	粗糙度	0.1	0.2
	切割边直线度	≤0.4	≤0.5
	坡口角度	±2°	±4°
	直线度	2/1 500	2/1 000
	切割宽度	0~0.5	
	切割长度	0~0.5	
	切割胎架	±10	±15
	切割机轨道	±2.5	±3

表 2-1(续)

场所	项目	标准	允许极限
画线、半自动气割	**画线**		
	长度 L	±2	±2
	宽度	±1	-2~1
	对角线	±2	±3.0
	曲线外形	±1.5	±2.5
	直线度		
	$L\leqslant 4$ m	≤1.0	≤1.2
	4 m$<L\leqslant 8$ m	≤1.2	≤1.5
	$L>8$ m	≤2.0	≤2.5
	切割面		
	粗糙度	0.1	0.2
	直线度	≤1.5	≤2.5
	坡口面尺寸[注]		
	过渡段长度 L	±0.5D	±1.0D
	坡口深度 D	±1.5	±2.0
	坡口面角度 Q	±2°	±3°
	零件尺寸		
	长、宽(高)	±2	±2

注:坡口面尺寸如图 2-2 所示。

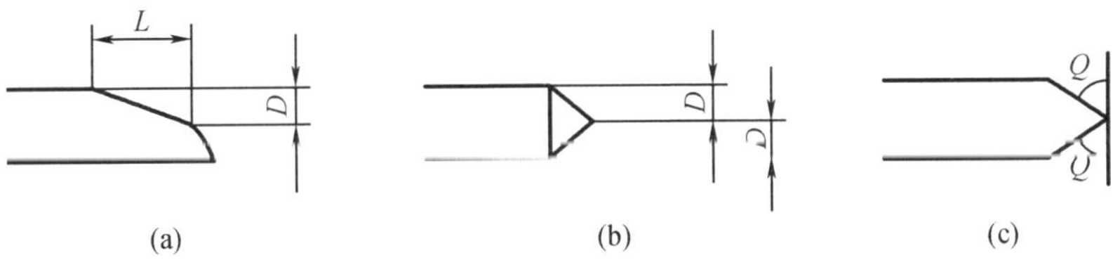

图 2-2　坡口面尺寸

二、板材下料精度检验

该工序的检验采用以施工队自检、互检为主,精度管理办公室抽检为辅的方式。其具体要求如下:

①切割胎架和切割机轨道精度由施工单位自检并记录精度状况,精度管理员随机抽检,发现超差立即通知生产主管停止该工位作业,直至复检合格后方可继续施工。

②切割设备检测由施工人员进行,设备精度不能保障时应上报组长和生产主管,由生产主管确认后通知设备动力部,修复合格并报精度管理员确认合格后方可继续施工。

③初始检测由施工人员进行,所在班组长复查无误后,由施工人员填写“板材下料精度检测记录表”,自检、互检人签字。

④精度管理办公室每天至少抽查检测一次,抽检重点为切割、加工是否符合要求,喷粉线、切割尺寸、对角线、切割角度是否符合精度要求,并与施工人员记录数据对比,发现问题,分析原因;并对施工人员进行培训,直至其掌握操作技能,责任心得到真正落实为止。

该工序成品化做到以下要求,方可流入下道工序:

①零件尺寸和角度在规定加工误差范围之内;

②自由边打磨符合规定要求,板件边缘不得有割渣;

③理料清楚,托盘完整;

④选择不易遗失的包装,比如装入托盘或打包,并明晰标识;

⑤材料实物与清单相符;

⑥按流向流入下道工序,零件交接,清单签收。

三、数据反馈和管理

所有记录数据按以下要求进行反馈和管理:

①“板材下料精度检测记录表”由施工人员自检、填写并保存一周,所在班组于每周一上交精度管理办公室。如检测中发现精度不达标,应随时向生产主管和精度管理办公室反映,直到问题解决为止。

②精度管理办公室区域管理员抽检,应填写“板材下料精度检测记录表”,注明抽检;如存在问题,应组织相关人员共同分析,直到问题得到妥善解决,记录表随原表一同管理。

③所有记录保存至交船。

④记录和表式。

“板材下料精度检测记录表”见表 2-2。

表 2-2　板材下料精度检测记录表

<table>
<tr><td colspan="2">船名/船号</td><td colspan="3"></td><td colspan="2">设备名称</td><td colspan="3"></td><td>设备编号</td><td colspan="2"></td></tr>
<tr><td rowspan="2">日期</td><td rowspan="2">批次</td><td rowspan="2">分段</td><td rowspan="2">零件号</td><td rowspan="2">实际尺寸
/mm</td><td rowspan="2">材质</td><td colspan="5">检测记录/mm</td><td>施工者</td><td>互检者</td></tr>
<tr><td>长度
±2</td><td>宽度
±1.5</td><td>对角线
±2</td><td>坡口角度
±3°</td><td>喷粉线
检测</td><td></td><td></td></tr>
<tr><td></td><td></td><td></td><td></td><td></td><td></td><td></td><td></td><td></td><td></td><td></td><td></td><td></td></tr>
<tr><td colspan="2" rowspan="2">确认声明</td><td colspan="9" rowspan="2">上述产品经过自检、互检合格,交付给用户(下道工序)的产品满足质量要求,没有安全隐患。</td><td>确认者</td><td></td></tr>
<tr><td>日期</td><td></td></tr>
</table>

注:此表一式一份,所在班组于每周一上交精度管理办公室。

5. 实例分析

(1)平直主板切割材料精度检测

①平直主板尺寸标注如图 2－3 所示。首先在切割主板上画出 100MARK 检验线。对板材的长度、宽度、高度、对角线进行精度检测,保证在管理基准范围内。

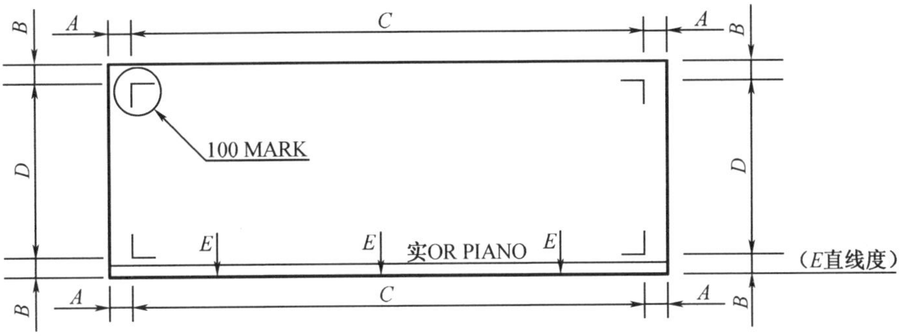

图 2－3　平直主板尺寸标注

精度要求:长度 *C*, ±0.5 mm;宽度 *D*, ±0.5 mm;对角线, ±1.5 mm。

②检查方法。画线长度、宽度粉墨画线的 100 mm 线的中心和构件尾端间隙尺寸用直角尺测量(图 2－4)。

图 2－4　直角尺检测长度

长度(*C*)、宽度(*D*)。一侧 100 mm 线基准点中心与另一侧 100 mm 线基准点中心的间距用卷尺测量,取其最短距离。

直线度(*E*)。在主板两端拉线作直线度检查或在切面两端边缘拉线并固定,然后进行测量。

(2)底板切割材料

底板切割材料尺寸标注如图 2－5 所示,对切割板材的长度、高度、孔间距进行精度测量,满足精度基准要求。将长度 *A*、宽度 *C* 管理基准控制在 ±3 mm,对角线 *B* 管理基准控制在 ±3 mm,高度控制在 ±1 mm,间距尺寸 *D* 控制在 ±1.5 mm。

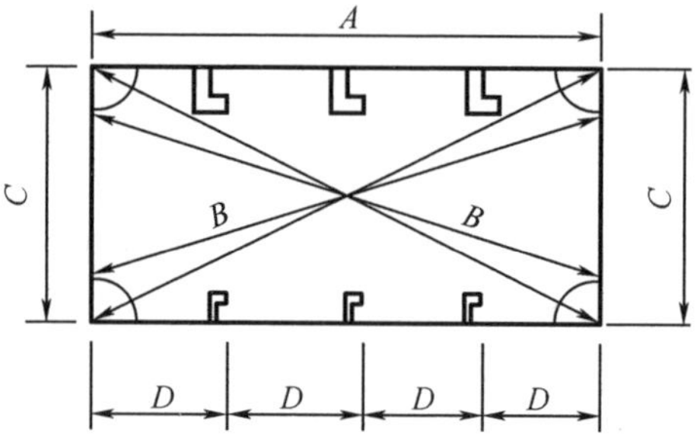

图 2-5　底板切割材料尺寸标注

①检查项目。

a. 长度、高度、孔间距。

方法 1:给一侧始端的扇形孔邻接处的边角补上,使凸面卷尺与其另一侧的切割面边角距离最小,然后视线与量尺垂直并读取数值,但使用卷尺测量时固定端应取“0”,其余操作与上相同。

方法 2:在一侧边角处放好直角尺,然后使卷尺的零点与直角尺的内直角点对齐并固定,其余操作与上相同。

b. 对角线(*B*)。

方法 1:将宽度方向切割面与高度方向切割面的交点作为“0”点,测量与对角交点之间的距离。

方法 2:当宽度方向的切割面与高度方向的切割面交点处有扇形孔时,与周边等距画平行线,然后测量对角的平行线交点的长度。

c. 弯曲加工板材精度检测。

图 2-6 所示为弯曲加工板材尺寸标注。控制板材加工后的曲度、平面度及尺寸检查,将长度、宽度基准控制在 ±1 mm,对角尺寸控制在 ±3 mm,曲度控制在 ±3 mm。

②检测要领。

a. 长度,宽度(*A*)。

先给一侧的坡口用直角尺定基准点,然后将对接部卷尺贴紧进行测量。

b. 横向弯曲值(*B*)。

用活动胎架把肋板线对接部与上下对接部对齐,对好角度后测量未贴紧部位的间距。

c. 纵向弯曲值(*C*)。

测量较长曲板的纵向弯曲值时,先使方向支架肋板的指定角度调节固定后,从一角接线,使其经过逆直线,然后进行测量。测量较短曲板的纵向弯曲值时,采用与测量横向弯曲值相同的方法。

具体检测表格见附表 A、附表 B。

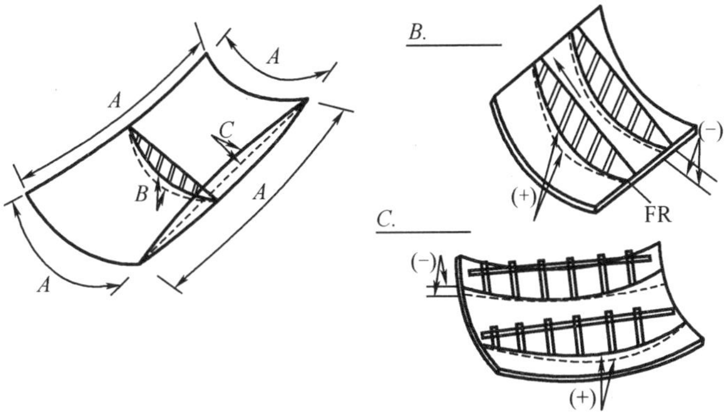

图 2－6　弯曲加工板材尺寸标注

任务二　型材下料精度控制

一、准备工作

1. 概念

型材下料是指型材号料、接长、冷弯、校对、开孔、断料、打磨、理料、发送的过程。其基本工艺流程如图 2－7 所示。

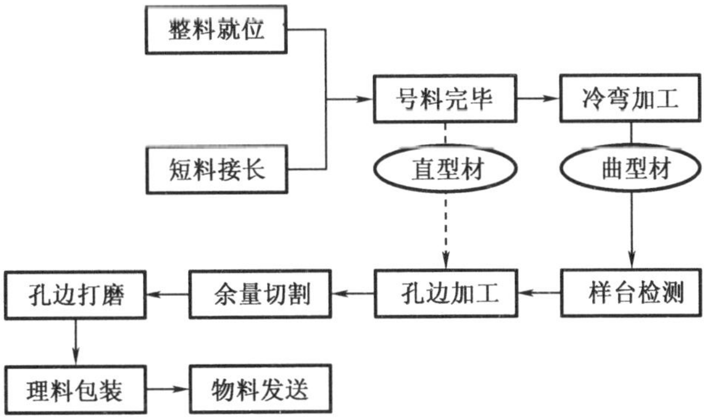

图 2－7　型材下料工艺流程

2. 专用检测工装和工具

①直线度检测工具为粉线。

②曲型材线型检测工装为肋骨校样平台(样台)或样板。

③长度检测工具为钢卷尺。

④自由边光滑度检测为目测。

⑤孔内径检测工具为钢卷尺。

⑥坡口检测工具为角度尺。

3. 精度控制点

(1)样台检测

要求对所有曲型材使用校样平台或样板进行实际加工线型和尺寸检测(精度管理员对校样平台和样板进行抽检)。

(2)余量检测

要求对所有型材(包括直型材和曲型材)进行长度检测,对开孔位置、尺寸、坡口、切割粗糙度等进行检测,特别是坡口和过焊孔。

4. 精度检验标准

型材下料加工精度基准见表 2-3。

表 2-3　型材下料加工精度基准　　单位:mm

场所	项目	标准	允许极限	备注
接长	直线度	≤2.0	≤3.0	以 1.0~2.0 m 长计,规格在 280 mm 以下
曲型材加工	1. 弯曲后的长度	±2.0		
	2. 弯曲后的逆直线	±1.0	±5.0	
	3. 局部弯曲	±3.0		
	4. 样台检测	±3.0	±5.0	
	≥8 m 线型 50 mm 以下不加工	标准同上	极限同上	
	6~8 m 线型 40 mm 以下不加工	标准同上		
	4~6 m 线型 30 mm 以下不加工	标准同上	极限同上	
	<4 m 线型 20 mm 以下不加工	标准同上		
直型材号料	1. 长度	±3.0	±5.0	
	2. R 孔切割状况	光顺	±2.0	
	3. 净料端切割、按图开坡口	±2.0		
余量切割	1. 严格按图施工,余量切割后出车间 2. 切割后打磨光洁度	±2.0	±2.0	

二、型材下料精度检验

样台或样板(曲型材)检测作为船舶行业加工精度控制重点,精度管理办公室应加强检验力度,根据精度质量状况确定检验频率和数量,至少应达到以下要求:

①施工人员对所有曲型材进行检测并记录,所在班组长复查;

②精度管理办公室每个工作日必须抽检,正常情况下抽检数量不得低于5;

③所有检测数据记录在“曲型材加工样台检测记录表”中。

余量(直型材)检测以施工人员自检、互检为主,精度管理办公室抽检为辅。其要求如下:

①施工人员每个工作日随机自检10根,所在班组长复查;

②精度管理办公室每天抽检,正常情况下抽检数量不得低于5;

③所有检测数据记录在“直型材下料检测记录表”中。

该工序成品化达到以下要求,方可流入下道工序:

①零件线型和尺寸在规定加工误差范围之内;

②按规定进行余量切割并按图开坡口;

③自由边打磨符合规定要求;

④理料清楚,托盘完整;

⑤选择不易遗失的包装,比如装入托盘或打包,并明晰标识;

⑥材料实物与清单相符;

⑦按流向流入下道工序,零件交接,清单签收。

三、数据反馈和管理

所有记录数据按以下要求进行反馈和管理:

①自检记录由施工人员自检、填写并保存一周,所在班组于每周一上交精度管理办公室。如检测中发现精度不达标,应随时向区域主管和精度管理办公室反映,直到问题得到解决。所有记录由精度管理办公室保存至交船。

②精度管理办公室抽查数据并与自检记录进行对比,发现问题,分析原因;对施工人员进行培训,直至其掌握操作技能,责任心得到真正落实为止。

③记录和表式。见表2-4“曲型材加工样台检测记录表”和表2-5“直型材下料检测记录表”。

表 2－4　曲型材加工样台检测记录表

日期	船号	分段	件号	检测记录/mm					施工者	互检者
				长度	样台检测 ±5.0	逆直线 ±5.0	局部弯曲 ±3.0	过焊孔偏差 ±3.0		
确认声明		上述产品经过自检、互检合格，交付给用户（下道工序）的产品满足质量要求，没有安全隐患。							确认者	
									日期	

注：此表一式一份，所在班组于每周一上交精度管理办公室。

表 2－5　直型材下料检测记录表

日期	船号	分段	件号	检测记录/mm				施工者	互检者
				净料长度	开孔位置 √　×	开孔尺寸	坡口切割 √　×		
确认声明		上述产品经过自检、互检合格，交付给用户（下道工序）的产品满足质量要求，没有安全隐患。						确认者	
								日期	

注：此表一式一份，所在班组于每周一上交精度管理办公室。

任务三　型板加工精度控制

一、准备工作

1. 概念

型板加工是指对板材进行线型加工，使之符合设计要求，包括冷热加工及其管理过程。

2. 基本工艺流程和精度控制点

（1）液压加工

型板液压加工工艺流程如图 2－8 所示。

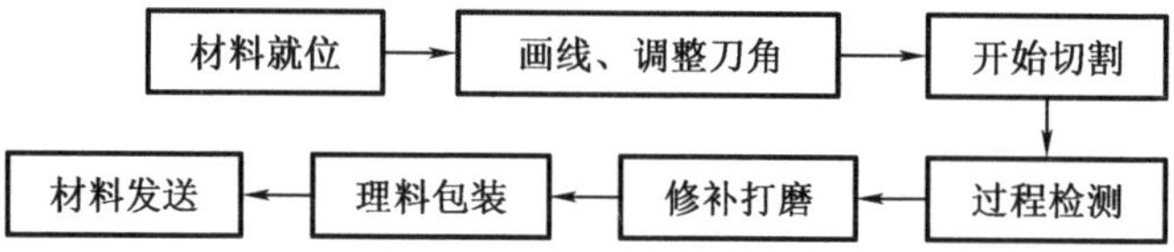

图 2－8　型板液压加工工艺流程

完工检测:由施工人员对加工零件折边宽度、腹板高度、折边角度、折边方向直线度、腹板方向直线度进行自检,使之达到标准要求。

(2)滚压/热加工

型板滚压/热加工工艺流程如图 2－9 所示。

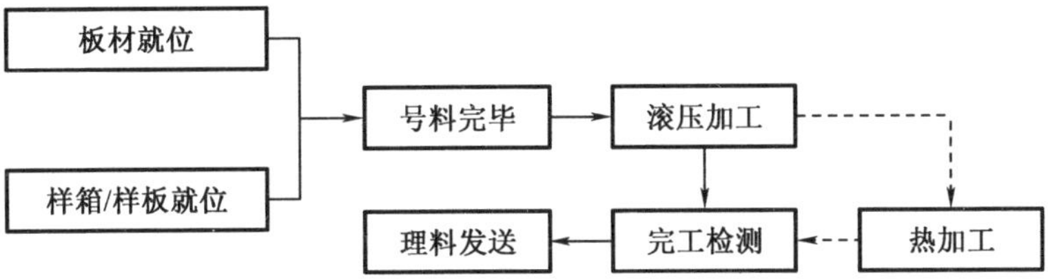

图 2－9　型板滚压/热加工工艺流程

①热加工过程检测。

要求根据不同材质,按照标准规定温度进行加热和冷却。

②完工检测。

要求对加工成型的型板曲面与样板的间隙、三角样板检验线的直线度、拉线与样板上基线的偏差、肋位方向与样箱的间隙、长度方向与样箱的间隙等进行自检,使之达到标准要求。

3. 专用检测工装和工具

①温度检测工具为点温计。

②型板线型检测工装为样箱/样板。

③间隙检测工具为钢直尺。

④直线度检测工具为粉线。

⑤角度检测工具为角度尺。

4. 技术文件和技术参数

①液压加工精度基准技术参数见表 2－6。

表 2－6　液压加工精度基准技术参数　　单位:mm

场所	项目	标准	允许极限	备注
液压加工	**折边**			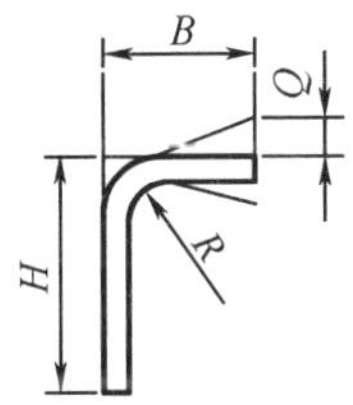
	折边宽度 B	±3.0	±5.0	
	腹板高度 H	±2.0	±3.0	
	折边角度 Q	±2.5°	±4.5°	
	折边方向直线度	≤1.0	≤1.5	
	腹板方向直线度	≤5.0	≤10.0	

②热加工加热和冷却基准技术参数见表 2－7。

表 2－7　加热和冷却基准技术参数

<table>
<tr><th colspan="2">项目</th><th>标准范围</th><th>允许极限</th><th colspan="2">备注</th></tr>
<tr><td rowspan="3">表面最高加热温度</td><td rowspan="3">高强度钢 $w(\mathrm{C})_{eq}>0.38\%$</td><td>加热后立即水冷时</td><td>650 ℃以下</td><td>650 ℃</td><td rowspan="3">碳当量计算公式：$w(\mathrm{C})_{eq}=w(\mathrm{C})+\frac{w(\mathrm{Mn})}{6}+\frac{w(\mathrm{Cr})+w(\mathrm{Mo})+w(\mathrm{V})}{5}+\frac{w(\mathrm{Ni})+w(\mathrm{Cu})}{15}$</td></tr>
<tr><td>加热后空气冷却时</td><td>900 ℃以下</td><td>900 ℃</td></tr>
<tr><td>加热后空气冷却后再水冷时</td><td>900 ℃以下空冷，下降到 500 ℃以下水冷</td><td>900 ℃（空冷）
500 ℃（水冷）</td></tr>
</table>

（3）滚压/热加工精度基准技术参数见表 2－8。

表 2－8　滚压/热加工精度基准技术参数　　单位：mm

<table>
<tr><th colspan="2">项目</th><th>标准范围</th><th>允许极限</th><th>备注</th></tr>
<tr><td rowspan="2">单曲度板</td><td>曲面与样板空隙</td><td>≤2.5</td><td>≤5.0</td><td rowspan="2">每挡肋距内</td></tr>
<tr><td>三角样板检验线的直线度</td><td>≤2.5</td><td>≤5.0</td></tr>
<tr><td rowspan="3">双曲度板</td><td>拉线与样板上基准线的偏差</td><td>±2.0</td><td>±3.0</td><td rowspan="3">每挡肋距内</td></tr>
<tr><td>肋位方向与样箱的空隙</td><td>≤4.0</td><td>≤5.0</td></tr>
<tr><td>长度方向与样箱的空隙</td><td>≤3.0</td><td>≤5.0</td></tr>
</table>

二、型板加工精度检验

1. 液压加工

由施工人员自检，不做检测记录。

2. 滚压/热加工

热加工过程检测：按照检测表对所有高强度钢进行热加工时，记录加热和冷却相关数据，数据记录在“高强度钢热加工过程记录表”中。

完工检测：型板滚压/热加工直接关系到后续工序生产进度和产品质量，为此必须对每件产品进行检测并记录。精度管理办公室应加强检验力度，根据精度质量状况，确定检验频率和数量，至少应达到以下要求：

①施工人员对所有型板进行检测，所在班组长进行复查；

②精度管理员每个工作日必须抽检；

③所有检测数据记录在“型板滚压/热加工检测记录表”中。

3. 成品化管理和余量切割要求

该工序成品化做到以下要求，方可流入下道工序：

①零件线型和尺寸在规定加工误差范围之内；

②理料清楚，托盘完整，并明晰标志；

③选择不易变形的存放和运输方式；

④材料实物与清单相符；

⑤按流向流入下道工序，零件交接，清单签收。

三、数据反馈和管理

所有记录数据按以下要求进行反馈和管理：

①自检记录由施工人员自检、填写并保存一周，所在班组于每周一上交精度管理办公室。如检测中发现精度不达标，应随时向区域主管和精度管理员反映，直到问题得到解决。所有记录由精度管理办公室保存至交船。

②精度管理办公室抽查数据并与自检记录进行对比，发现问题，分析原因；对施工人员进行培训，直至其掌握操作技能，责任心得到真正落实为止。

③记录和表式。见表 2－9“高强度钢热加工过程记录表”、表 2－10“型板滚压/热加工检测记录表”（单曲度）、表 2－11“型板滚压/热加工检测记录表”（双曲度）。

表 2－9　高强度钢热加工过程记录表

日期	船号	分段	件号	过程记录		施工者	互检者
				加热温度	冷却方式		

注：此表一式一份，所在班组自行保存备查。

表 2－10　型板滚压/热加工检测记录表（单曲度）　　单位：mm

日期	船号	件号	检测项目								施工者	互检者
			曲面与样板的间隙				三角样板检验线的直线度					
			F	F	F	F	F	F	F	F		
确认声明		上述产品经过自检、互检合格，交付给用户（下道工序）的产品满足质量要求，没有质量隐患。									确认者	
											日期	

注：此表一式一份，所在班组于每周一上交精度管理办公室。

表 2－11　型板滚压/热加工检测记录表(双曲度)　　单位:mm

<table>
<tr><td rowspan="3">日期</td><td rowspan="3">船号</td><td rowspan="3">件号</td><td colspan="9">检测项目</td><td rowspan="3">施工者</td><td rowspan="3">互检者</td></tr>
<tr><td colspan="3">拉线与样板上基线的偏差</td><td colspan="3">肋位方向与样箱的间隙</td><td colspan="3">长度方向与样箱的间隙</td></tr>
<tr><td>F</td><td>F</td><td>F</td><td>F</td><td>F</td><td>F</td><td>F</td><td>F</td><td>F</td></tr>
<tr><td></td><td></td><td></td><td></td><td></td><td></td><td></td><td></td><td></td><td></td><td></td><td></td><td></td><td></td></tr>
<tr><td></td><td></td><td></td><td></td><td></td><td></td><td></td><td></td><td></td><td></td><td></td><td></td><td></td><td></td></tr>
<tr><td colspan="2" rowspan="2">确认声明</td><td colspan="10" rowspan="2">上述产品经过自检、互检合格,交付给用户(下道工序)的产品满足质量要求,没有质量隐患。</td><td>确认者</td><td></td></tr>
<tr><td>日期</td><td></td></tr>
</table>

注:此表一式一份,所在班组于每周一上交精度管理办公室。

④实例分析。

如图 2－10 所示,对型钢(加工材料)尺寸进行精度控制时,主要控制项目有长度(A)、高度(C)、距离(B)及直线度(D)。

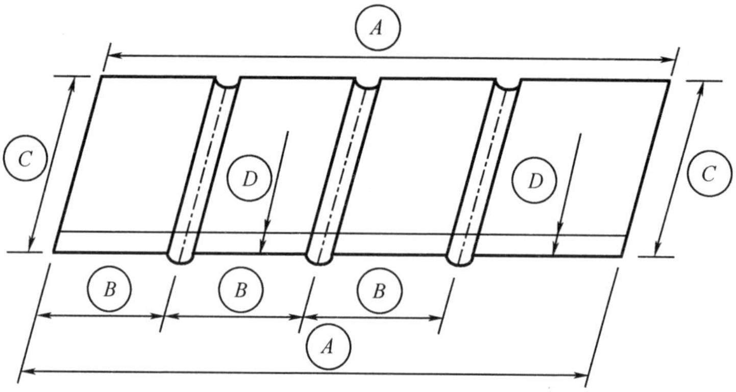

图 2－10　加工型钢尺寸标注

检查项目:

长度(A),高度(C):采用一般的尺寸检查要领进行测量。

距离(B):检查方法同上,但基线取两个相邻折角点的中心线。

直线度(D):采用一般直线度检查方法。

任务四 曲面型板加工精度控制

一、外板的分类

外板是整个主船体船壳表面层的封闭曲面板，是由多块形状不一的钢板拼接而成的。船体外板形式多样，按线型的复杂程度可分为平直外板、单向曲度外板、双向曲度外板和严重双向曲度外板四类；按船体曲度外板的形状又可分为单向曲度外板和双向曲度外板两类。

1. 单向曲度外板

①纵向曲度外板是指只有纵向曲度而无横向曲度的单向曲度外板。纵向曲度外板的肋骨线为互相平行的直线，即使理论肋距相等，肋骨线的间距也不相等。

②横向曲度外板是指只有横向曲度而无纵向曲度的单向曲度外板。有横向曲度而无纵向曲度的外板的各肋骨线在肋骨型线图上的投影重合为一根直线。

2. 双向曲度外板

双向曲度外板是指不但有横向曲度而且有纵向曲度的外板。它在肋骨型线图上有以下四种情况：

①各肋骨线在肋骨型线图上的投影近似为彼此互相平行的曲线；

②各肋骨线在肋骨型线图上的投影近似为彼此不平行的曲线，呈扇形；

③各肋骨线在肋骨型线图上的投影近似为彼此不平行的折线；

④各肋骨线在肋骨型线图上的投影弯曲复杂，组成严重双向弯曲的外板。

二、外板展开

外板展开就是将这些不规则的曲面外板展开平摊成近似真实的平面形状尺寸，然后经过号料、切割加工成船体的曲度面板，并使之符合船体型线要求。

根据这两种典型曲度外板可知，单向曲度外板都可以按尺寸精确地摊平，称为可展曲度外板。而双向曲度外板是不能摊平的，为了求得其真实形状，仍然采用几何作图法近似地将这类外板展开成平面，在号料时用加放余量的方法对展开误差予以补偿。对于严重双向曲度外板，一般采用定制样箱的方法来解决。

对于不可展曲度外板，按不同程度的曲率采用不同的展开方法。基准线作法不同，外板展开的方法也不同，广泛采用的有测地线法和十字线法，此外还有定线法和轴线法等。

各种展开方法的作图步骤虽然各不相同,但有四个相同的展开基本要素:

①求作曲面上的准线位置;

②求空间曲线的实际长度;

③判定和求取基准肋骨冲势及肋骨型线长度;

④作展开图。

用测地线展开法求外板端接缝线,是利用以端接缝上、下端点和中法线上的交点画圆弧的方法来确定的。当中法线处于板材中间位置时,展开板中间冲势误差较小,板中间向其首尾过渡时,冲势误差随肋板逐挡增大。过大的误差会影响外板间的吻合,对菱形板的影响会更大一些。

船体曲度外板的展开是船体建造的一个重要组成部分,展开后平板的形状在成形时需要较小的收缩量。船体外板展开的过程可视为水火弯板成形的逆过程,在展开过程中要计算出成形过程必要的收缩量,以便于水火弯板过程设计。船体曲度外板展开过程如下:

①确定外板的展开基准线,依照基准线对外板曲面进行网格划分。

②用撑线法将各小网格向基准线两边展开。

③将展开图形拼接起来,就得到了带有缺口的外板展开图形。这些缺口就是钢板在用水火弯板工艺加工时,所需要收缩的区域(图 2-11),根据收缩区域可以得到曲度外板加工成形的收缩量数据,为曲度外板号料工序提供合理的加放补偿量。

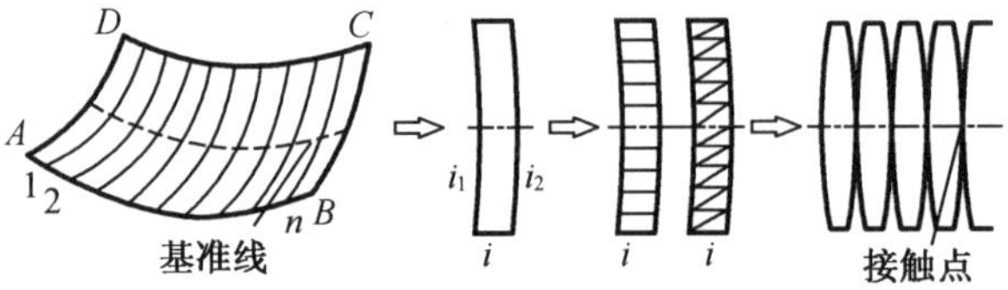

图 2-11　曲面外板的精确展开

船体曲度外板号料工艺流程如图 2-12 所示。

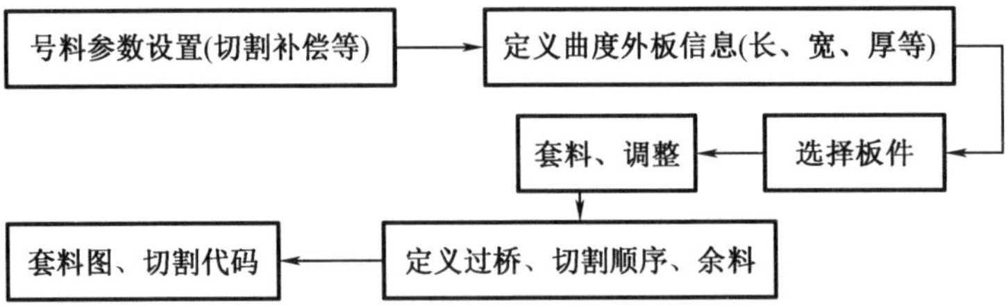

图 2-12　船体曲度外板号料工艺流程

用切割方法切割船体板件边缘时,要进行切割补偿量的设置。共边缘线的工件需切割号料时,应给出号料切割补偿。补偿量大小与板材厚度、割嘴形状有关。另外,对需要检查几何精度的边缘割缝,号料时应同时画一根与边缘平行的检查线。

冷加工板材号料精度控制。根据曲度外板的纵横向曲度、扭曲度和板厚等因素,按辊压、液压的不同加工方式,对外板的不同部位给予不同的冷加工补偿量,主要考虑辊压板和液压板的冷加工补偿量。

热加工板材号料精度控制需经火工加工的板材,若按正常加工方法展开和号料,经火工加工后尺寸定会收缩而小于放样尺寸。因此,对于火工外板的展开,除按原来尺寸给定补偿量外,还须根据外板的纵横向曲度、扭曲度和板厚等因素,对不同部位给予不同量的火工补偿量。因此,对于需要火工加工的板材,补偿量不但包括冷加工补偿量,还包括火工补偿量。船体曲度外板展开和号料中的主要精度控制点及控制要求见表 2－12。

表 2－12　船体曲度外板展开和号料中的主要精度控制点及控制要求

项目	精度控制方法及要求
展开基准线的选择	端接缝上、下端点和中法线上的交点画圆弧的方法
切割补偿的设置	与切割方法有关
边缘检查线的设置	号料时应同时画一根与边缘平行的检查线
冷加工补偿量的设置	通过控制加工设备来保证加工补偿量,布置合理的加工线
火工补偿量的设置	与板厚、纵横向收缩及扭曲度有关

三、记录数据反馈和管理

所有记录数据按以下要求进行反馈和管理:

①自检记录由施工人员自检、填写并保存一周,所在班组于每周一上交精度管理办公室。如检测中发现精度不达标,应随时向区域主管和精度管理员反映,直到问题得到解决。所有记录由精度管理办公室保存至交船。

②精度管理办公室抽查数据并与自检记录进行对比,发现问题,分析原因;对施工人员进行培训,直至其掌握操作技能,责任心得到真正落实为止。

③记录和表式。见表 2－13“高强度钢热加工过程记录表”、表 2－14“型板滚压/热加工检测记录表”(单曲度)、表 2－15“型板滚压/热加工检测记录表”(双曲度)。

表 2-13　高强度钢热加工过程记录表

日期	船号	分段	件号	过程记录		施工者	互检者
				加热温度	冷却方式		

注:此表一式一份,所在班组自行保存备查。

表 2-14　型板滚压/热加工检测记录表(单曲度)　　单位:mm

日期	船号	件号	检测项目								施工者	互检者
			曲面与样板的间隙				三角样板检验线的直线度					
			F	*F*	*F*	*F*	*F*	*F*	*F*	*F*		
确认声明		上述产品经过自检、互检合格,交付给用户(下道工序)的产品满足质量要求,没有安全隐患。									确认者	
											日期	

注:此表一式一份,所在班组于每周一上交精度管理办公室。

表 2-15　型板滚压/热加工检测记录表(双曲度)　　单位:mm

日期	船号	件号	检测项目									施工者	互检者
			拉线与样板上基线的偏差			肋位方向与样箱的间隙			长度方向与样箱的间隙				
			F	*F*	*F*	*F*	*F*	*F*	*F*	*F*	*F*		
确认声明		上述产品经过自检、互检合格,交付给用户(下道工序)的产品满足质量要求,没有安全隐患。										确认者	
												日期	

注:此表一式一份,所在班组于每周一上交精度管理办公室。

项目三　(部/组件)加工阶段精度控制

知识目标

1. 掌握拼板画线精度控制。
2. 掌握 T 型材加工精度控制。
3. 掌握组件精度控制点。

能力目标

1. 具备对拼板画线、T 型材加工、曲面板加工精度控制的能力。
2. 具备对一些精度控制点的要求。

任务一　拼板画线精度控制

精度拼板工艺,是指船体平面板架的施工程序实施先单板切割下料后拼板焊接组装的无余量拼板工艺方法。具体地说,精度拼板的工艺流程就是用数控切割机进行锌粉号料的切割,达到一次性单板无余量下料加工,然后再将无余量的单板进行组装成板架。由于精度拼板采用机械化、自动化的先进施工手段代替传统的手工操作方式,所以在高效率、高精度等方面有一定的优越性并具有以下特点:

1. 生产流程的改变

从图 3 - 1 新旧两种拼版工艺流程的比较可以看出,两者的根本区别在于号料和余量切割的时机不同。由于新工艺的号料和余量切割是在拼板之前,拼板是在无余量状态下进行的,故其流程更能符合平面流水线的布局。

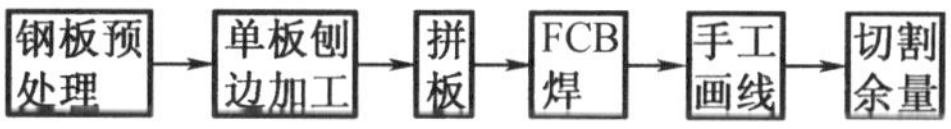

(a)旧的拼板工艺流程

(b)精度拼板工艺流程

图 3 - 1　新旧两种拼板工艺流程的比较

2. 号料方法的改变

精度拼板工艺采用数控切割机锌粉号料的方法取代传统工艺拼板后手工画线和半自动化的方法，这是为提高生产效率和施工精度所做的根本改变。

3. 相关生产设计方式的改变

原先采用的生产设计平面板架图，一张施工图纸上要表达流水线生产所需要的各项内容，包括板材的刨边加工、拼板、焊接、手工下料画线和构架安装等工作所需要的所有工位信息，其图形主要满足传统的生产方式要求和技术条件。精度拼板工艺的实施则是将原先采用的整块板架的手工画线图改变为单张钢板的数切零件图，并提供数控切割机的工作指令(数切磁盘)，而为拼板工位提供的拼板图仅仅是拼板本身所需的简单信息。

4. 实施有效的精度控制手段

为避免各道工序产生的误差累积最终造成较大的精度偏差，最有效的方法就是推行精度控制技术，即按工位实施精度检测和按流程信息跟踪，如图 3－2 所示。通过实施阶段性的精度控制和检测，不仅可以使下道工序了解上道工序施工的质量情况，而且可以随时纠正偏差。

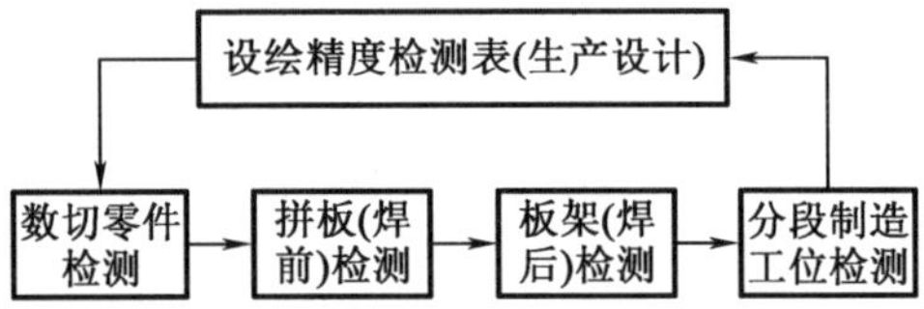

图 3－2　精度拼板精度控制信息跟踪网络示意图

船体建造过程中通过画线工艺来确定不同规格型材和板材之间的位置关系。画线要满足图纸要求，线斑外形尺寸及对角线要满足精度要求，要画距离端面切割边 100 mm 的切割检验线，对中心线、切割检验线及肋检线要画到板的反面并且对其做样冲标记，同时确保样冲标记清晰准确，画线完成后要统一检查并做记录。画线要考虑不同方向精度补偿量的设定。装焊完成后进行余量画线(要考虑温度的影响)。

拼板画线是指对几件零件板的拼装焊接、画线及切割的过程。本章节包含部件、组件的画线。

一、基本工艺流程和精度控制点

1. 基本工艺流程

基本工艺流程如图 3－3 所示。

2. 精度控制点

(1)装配拼板

板材就位后，对板件尺寸复测合格后方可装配拼接，并对对接缝间隙、坡口方向、净料端直线度及整体尺寸进行检测，确认各项数据合格后方可进行焊接作业。如发现超差，应立即停止作业，上报区域主管和精度管理员，在问题得到解决，精度经再次检测合格后，方可进行焊接作业。

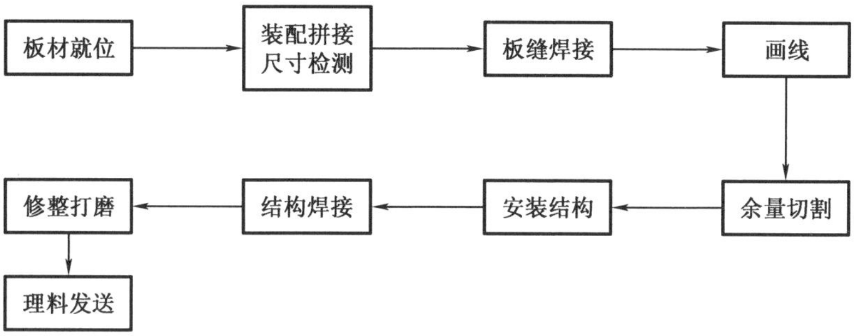

图 3－3　拼板画线的基本工艺流程

(2)画线检测

全船实行无余量合龙，画线精度直接影响下道工序产品质量和整体精度造船状况。因此要求画线前对板件外形尺寸进行复查，并仔细研究图纸和相关资料，严格按要求做好结构线、对合线、肋检线、中心线的画线，并做冲印标记，报精度管理员专检合格后方可进入下道工序。

(3)组件画线

为满足下道工序需求，所有组件画线近合龙口处必须画出边缘线及检验线。

二、技术参数和注意事项

1. 装配拼板精度基准技术参数(表 3－1)

表 3－1　装配拼板精度基准技术参数　　单位：mm

场所	项目	标准	极限标准	备注
拼板	长度 L	±2	±5	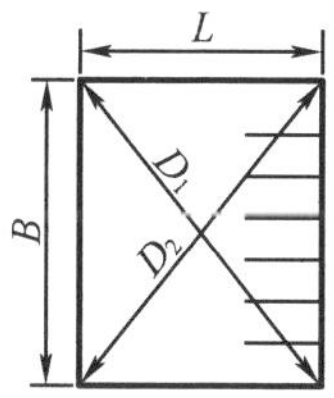
	宽度 B	±1.5	±3	
	对角线差(D_1-D_2)	3	≤4	
	装配间隙	2	2	
	对合线	±1	±2	

2. 画线精度基准技术参数(表 3－2)

表 3－2　画线精度基准技术参数　　　　单位:mm

场所	项目	标准	极限标准	备注
拼板	长度 L	±1.5	±2.5	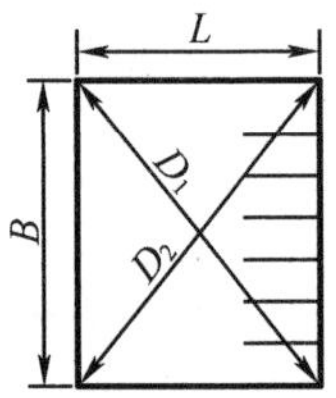
	宽度 B	±1.5	±2	
	对角线差(D_1-D_2)	<3	<4	
	检查线	±1	±1	
	中心线	±1	±1	
	肋检线	±1	±1	

3. 检验方式和检验程序

①装配拼板检测。由施工人员自检,检测数据记录在“装配拼板检测记录表”中。

②画线检测。直接关系到后续工序生产进度和产品质量,为此必须对每件产品进行检测并记录,报精度管理员专检合格后方可进入下道工序。

4. 专用检测工装和工具

钢卷尺。

5. 成品化管理和余量切割要求

该工序成品化达到以下要求,方可流入下道工序:

①装配误差在规定误差范围之内;

②冲印及要求标记完整;

③严格按图施工,余量切割完毕,坡口修正处理完好;

④不易变形的存放和运输;

⑤材料实物与清单相符;

⑥按流向流入下道工序,零件交接,清单签收。

三、记录数据反馈和管理

所有记录数据按以下要求进行反馈和管理:

①装配拼板检测自检记录由施工人员自行保管备查。如检测中发现精度不达标,应随时向区域主管和精度管理员反映,直到问题得到解决。

②画线检测自检记录连同报验单一同提交精度管理办公室进行专检,所有自检记录及报验单原件由精度管理办公室保管。

③画线专检数据应与自检记录进行对比,发现问题,分析原因;对施工人员进行培训,

直至其掌握操作技能,责任心得到真正落实为止。

④全船拼板完工后,精度管理办公室对单船拼板数据进行记录和统计分析,输出以下数据、图表和说明:

a. 对全船拼板按板厚进行分类;

b. 记录典型拼板焊前、焊后尺寸及焊接过程中的各项焊接参数;

c. 按板厚分类统计焊接收缩量平均值;

d. 工艺改进和工程管理改善的意见等。

以上统计和分析应由精度管理办公室形成书面材料,同时提交船研所、船加部、质管部等部门,作为优化设计和管理的基础。该材料由精度管理办公室归档,原则上永久保存。

⑤记录和表式。见表3-3“装配拼板检测记录表”、表3-4“画线检测记录表”、表3-5“焊接过程记录表”等。

表3-3 装配拼板检测记录表

单位:mm

日期	船号	分段	件号	检测记录					施工者	互检者
				长 ±5	宽 ±3	对角线差 <4	装配间隙 2	对合线 ±2		

注:此表一式一份,所在班组自行保存备查。

表3-4 画线检测记录表

单位:mm

日期	船号	分段	件号	检测记录						施工者	互检者
				长 ±2.5	宽 ±2	对角线差 <4	检查线 ±1	中心线 ±1	肋检线 ±1		

注:此表一式一份,连同报验单一同提交精度管理办公室报专检。

表 3－5　焊接过程记录表

<table>
<tr><td>船名船号</td><td></td><td>部件名称</td><td colspan="3"></td></tr>
<tr><td>焊接设备</td><td></td><td>母材/厚度</td><td></td><td>焊接方法</td><td></td></tr>
<tr><td rowspan="2">焊接材料</td><td>牌号</td><td></td><td>规格</td><td colspan="2"></td></tr>
<tr><td>保护气体</td><td></td><td>气体流量</td><td colspan="2"></td></tr>
<tr><td colspan="6">草图</td></tr>
</table>

<table>
<tr><td>焊缝
编号</td><td>焊接
电流</td><td>焊接
电压</td><td>焊接
速度</td><td>焊缝
间隙</td><td>坡口
形式</td><td>坡口
角度</td><td>焊接
层数</td><td>焊前
尺寸</td><td>焊后
尺寸</td></tr>
<tr><td></td><td></td><td></td><td></td><td></td><td></td><td></td><td></td><td></td><td></td></tr>
<tr><td></td><td></td><td></td><td></td><td></td><td></td><td></td><td></td><td></td><td></td></tr>
<tr><td colspan="2">记录人</td><td colspan="3"></td><td colspan="3">确认人</td><td colspan="2"></td></tr>
</table>

任务二　T 型材加工精度控制

T 型材加工是指将腹板、面板、加强肘板等零件装焊成 T 形部件及进行焊后校正、打磨、理料、发送的过程。

一、T 型材加工精度控制基本流程

T 型材的面板在与腹板焊接过程中产生的变形是 T 型材的缩短和在腹板平面内的挠曲。因此，T 型材的长度及端部可在其焊接完成后再经预修整获得，而由纵向收缩变形引起的挠度必须在装焊过程中加以控制。

T 型材加工的工艺流程如图 3－4 所示。

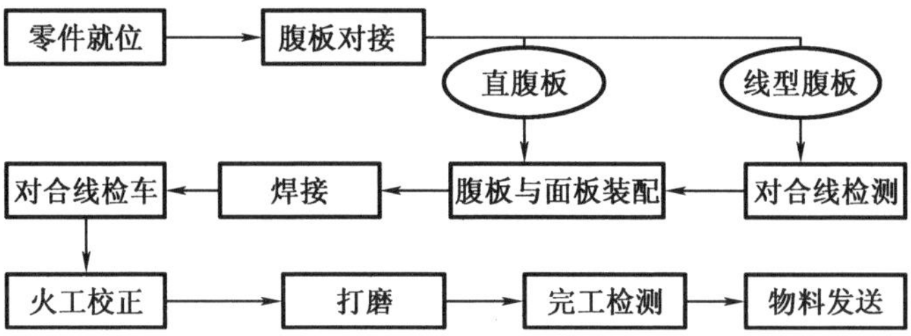

图 3－4　T 型材加工的工艺流程

精度控制点主要体现在以下两点:

1. 腹板对接检测

要求对每件对接腹板进行直线度或对合线检测,在确认实际数据在允许误差范围之内后,方可进行装配。然后由施工人员自检。

2. 完工检测

要求对每件T型材进行焊后直线度、面板倾斜度和曲型对合线检测,检测实际加工后线型,超差部件火工校正,合格后方可进入下道工序。

检验方式和检验程序的具体要求:

①施工人员每件必检,所在班组长复查。

②精度管理办公室每天抽检,并与施工人员记录数据进行对比,发现问题,分析原因;对施工人员进行培训,直至其掌握操作技能,责任心得到真正落实为止。

(3)所有检测数据记录在"T型材完工检测记录表"中。

二、专用检测工装和工具

①对合线和直线度检测工具为粉线。

②长度检测工具为钢卷尺。

③面板倾斜检测工具为直角尺。

④打磨光滑度检测为目测。

任务三　部/组件精度控制

一、部/组件精度控制的内容

部/组件精度控制点主要体现在加工上。加工余量包括切割余量、热加工余量、板材冷加工余量、型材冷加工余量,其因加工方式和使用设备的不同而不同。

①目前船体零件切割补偿量一般由生产切割车间统计确定,由切割工按照反馈控制原理现场加放,通过每个零件尺寸抽查反馈和割嘴类型,微调补偿量值。

②对于双曲率板的火工加工,应根据生产经验给出改进后的余量值。

③冷加工余量一般根据加工设备的要求决定,对于加工直边足够的卷曲板材可以不放量,板材折边加工不留余量。

④型材冷加工余量应根据型材加工设备要求和型材加工半径的大小选取加工余量。

全面采用精度控制技术是实现现代化造船的"里程碑"。如果从船体零件下料开始,以

“补偿量”取代“余量”，那么将简化造船生产的工艺流程，降低大量的工耗、物耗，加快造船速度。调查结果表明，在船体建造过程中，装配时的主要作业仅占总装配工时的1/6，而用于调整作业的工时占1/2，作业后的清理占1/3。因此，船厂应用船舶精度控制方法的目标是最大限度地消除调整作业量，减少清理工作量，以节约生产工时，并节省材料和能源。从船舶精度控制的技术层面上看，如何合理、准确地给出船体零部件的补偿量是船舶精度控制方法需要研究的重要课题之一。船体建造过程是一个极其复杂的过程，因为引起船体变形的因素很多。船体零部件的补偿量计算不仅与船形差异、结构形式、分段划分方式、分段建造方法、装焊顺序、焊接方法、工件的冷热加工属性等有关，还受到船厂生产条件、组织体制和管理水平的影响。

二、部/组件精度控制的基本工艺流程

部件加工是指2个或2个以上零件进行装焊的过程。组件加工是指将零件与部件或部件与部件进行装焊的过程。部件加工工艺流程如图3－5所示。

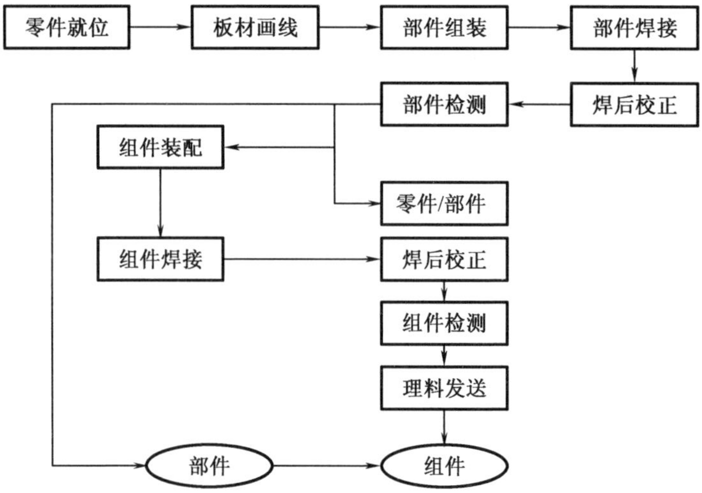

图3－5　部件加工工艺流程

1. 部件检测

要求对零件安装对位状况、肘板倾斜、安装尺寸、焊后平整度等进行严格控制。确认实际数据在允许误差范围之内后，方可焊接。如发现超差，应立即修正，并经再次检测精度合格后，方可继续施工。所有检测数据记录在“部/组件检测记录表”中。

2. 组件检测

对组件安装尺寸和焊后精度进行检测包括肋距、结构对位、端头节点、焊后校正、垂直度和

加排等工序，并填写“部/组件检测记录表”。精度检测判定是否为合格品的依据见表3－6。

表3－6 部/组件精度检查基准表

场所	项目	标准	允许标准	备注
部/组件加工	**板** 长度 L 宽度 B 对角线差（D_1-D_2）	 ±1.5 mm ±1.5 mm 3 mm	 ±2.5 mm ±2 mm <4 mm	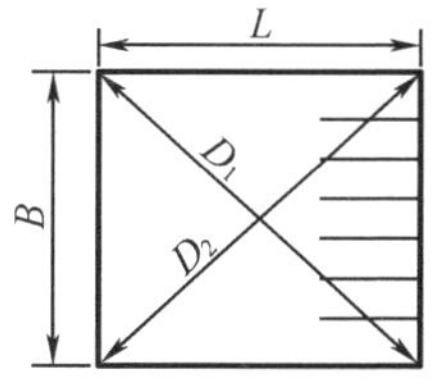
	纵肋骨 局部平整度 B 纵骨端对正 纵骨倾斜 纵肋骨间距	 －2～0 mm 2 mm/2 m 5 mm/6 m ±2 mm	 5 mm －3～0 mm ±3 mm	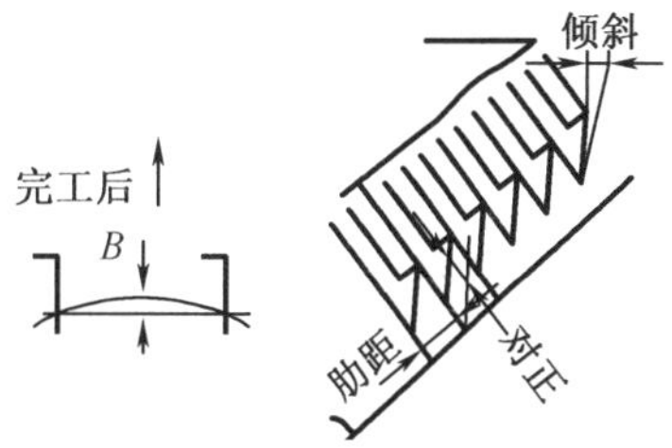
	肋板 肋板端对正 肋板倾斜 肋距	 －2～0 mm 3 mm/m ±1.5 mm	 －3～0 mm 4 mm/m ±3 mm	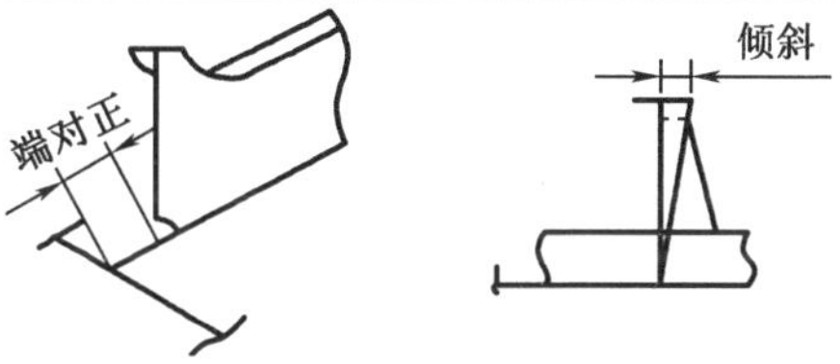
	大弯曲校正	5 mm	8 mm	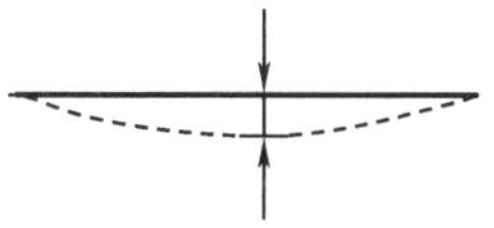
	加排状况	视具体情况，对易变形结构进行加排，加排位置距边缘200～300 mm		

三、检验方式和检验程序

1. 部件检测

以施工人员自检为主，检测数据记录在“部/组件检测记录表”中。精度管理员抽检。

2. 检测

直接关系到后续工序生产进度和产品质量，为此必须对每件产品进行检测并记录，报精度管理员抽检，精度管理办公室应加强抽检力度，根据精度质量状况，确定检验频率和数量，至少应达到以下要求：

①施工人员对所有组件和部分部件进行检测并记录，所在班组长复查后提交精度管理办公室。

②精度管理员每天抽检。

③所有检测数据记录在“部/组件检测记录表”中(表3－7)。

专用检测工装和工具为钢卷尺、直角尺、线锤和粉线。

表3－7　部/组件检测记录表

单位:mm

日期	船号	分段	件号	检测记录				施工者	互检者
				尺寸 ±2.0	垂直度 ±2	结构对位 ±2	平整度 ±4		
								确认者	
								日期	

注:此表一式一份,于每周一交精度管理办公室。

三、数据反馈和管理

1. 部件检测

由施工人员自检、互检,检测数据记录在“部/组件检测记录表”中,自存备查。

2. 组件检测

由施工人员自检、互检,检测数据记录在“部/组件检测记录表”中,每周一提交精度管理办公室。所有记录保存至交船。

项目四　分段建造(装配)阶段精度控制

知识目标

1. 掌握分段建造胎架精度控制。
2. 掌握分段建造中拼板画线精度控制。
3. 掌握分段施工过程中精度控制。
4. 掌握分段完工检测精度控制。

能力目标

1. 具备对分段建造中胎架、拼板画线及施工过程中精度控制的能力。
2. 具备对分段精度控制管理的能力。

任务一　胎架精度控制

胎架是精度造船的基础,是各组立分段装配的依据。胎架如果出现几毫米的误差,实施到分段上就可能是十几或几十毫米的偏差,尤其是艏艉分段的建造。胎架的设计除了模板制造尺寸要精确、总体尺寸要保证、线型要光顺吻合之外,还应有足够的连接刚性和整体四角水平。对目前广泛应用的活络胎架,每两个活络胎架之间纵、横向要有加强连接,以保证整个装配过程中分段不出现偏差和变形。另外装配时板与胎架要紧密贴合,使线型平整和光顺,分段制作达到型线设计要求。

胎架设计是船体生产设计中的一项主要工作。通常情况下,外板(非平直部分)分段如果以外板为基础进行分段建造时,必须在胎架上进行。胎架布置图的设计合理与否,将直接影响到分段的施工质量、精度及现场作业的方便性,而胎架的种类有很多,应根据工厂的设备、场地和分段的实际情况来进行设计。

一、胎架设计应遵循的原则

①胎架材料来源往往决定了胎架的形式。如有废钢板或钢板边料时可采用单板式胎架,也可用型钢和小胎板组成衔架式或角钢支柱式胎架,或用钢管制作成高度可任意调节

的胎架。

②尽可能降低胎架的高度,平衡胎架的前后及左右的高度位置,这样既有利于安全施工,又有利于提高分段的制作精度。

③外板拼板缝的坡度应尽可能小,纵向控制在45°内,横向控制在30°内,以便于使用单面焊双面成形的焊接方式,从而保证焊接质量。一旦坡度过大,只能采用手工两面焊,既增加工作量,又不能很好地控制焊接质量。

④对于较大的分段及精度要求较高的分段,四周应以槽钢进行固定,从而保证分段的精度。而对于较小的分段,用1 m间隔的胎架不能满足分段宽度方向的精度控制时,须在胎架之间再加上一排临时用的胎架来保证分段的精度。

⑤胎板位置及胎架边缘结构形式要注意分段吊环和翻身时钢索穿越的方便性。

⑥在保证质量的前提下,要简化胎架结构,以减少辅助材料的消耗。

⑦尽量扩大以平台、内底、隔壁为基准的通用胎架使用面,减少采用木质胎架样板画线成形的装配法。

⑧应考虑到胎架的场地布置、分段的建造周期及分段内构造伸出胎架的尺度等其他因素,确保留有行人安全通道。

二、胎架的设计程序

1. 根据制作要领确定分段的施工方法

施工方法不同,胎架形式也会不同,这是胎架设计的依据。

2. 胎架基面的选择

基面就是用来确定胎架工作曲面的基准。胎架的基面主要根据分段的线型进行选择,常见的有以下三种切取方法:

(1)正切法

胎架基面平行(或垂直)于船底基线面,同时垂直于肋骨平面;这种胎架基面一般用于纵、横线型较为平直、变化和缓的底部分段及舷侧分段。

(2)正斜切法

胎架基面和船底基线面成一角度,但与肋骨平面垂直。这种胎架基面用于船体横向线型变化较大而纵向线型变化不大的舷侧分段。

(3)双斜切法

胎架基面与船底基线面及肋骨面都成一角度;这种胎架基面用于肋骨线型横向和纵向线型变化较大的艏艉及机舱分段。

精度管理标准见表4-1。

表 4－1　胎架设计精度管理标准表　　单位:mm

项目	管理基准	允许范围	检查位置
尺寸(长、宽、高、对角线)	±3	±5	
水平	±4	±5	甲板、外板
垂直度	±3	±4	GR、FR 外板首尾端部
端差	±1	±2	合龙口
直线度	±4	±5	平台板、纵壁及内部材
坐标	±3 以内	±5 以内	
检查线	±0	±0.5	
内部材间隙	±1	±2	
背部加热	±3	±4	
球钢角度	±3	±4	

三、胎架布置图的制作

在完成胎架基准面的选取后,根据分段结构的特点和胎架场地基础绘制胎架布置图。胎架布置图上应绘制出分段的外形,胎架的位置和间距,各板缝交点,板缝和强肋位的交点位置及高度等,完成后交付现场使用。

胎架布置图的出图形式有图表格式(图 4－1)和图形格式(图 4－2)两种,示例如图 4－3和图 4－4 所示。

图 4－3 为分段制造用胎架的胎板安装位置线画线示意图。其画线方法与在放样中绘制格子线相同,不过精度要求可稍低一些。激光经纬仪和五棱镜的配合可使此项工作快速地完成。操作过程大致如下:首先绘制分段中心线(或假定中心线),这可由已整平的经纬仪逐点在激光束光斑处做上记号,再用直尺或弹粉线连接各点即可得中心线;沿中心线上量出各肋位对应点;将经纬仪和五棱镜等高地置于中心线上(其中心对准中心线),且五棱镜还应逐点地位于中心线上的肋位点上,当经纬仪发射的激光束经五棱镜折转 90°后,转动五棱镜沿肋位可得到一系列激光束光斑,连接各光斑即可得各肋位胎板位置线。如果有必要,还可进一步作数根平行于中心线的直线及其他辅助线。

图 4－4 为胎架型线画线示意图。由水准仪或经纬仪扫描构造一水平光学平面,将该光学平面光斑与胎架模板的交点作上标志(如光学平面的高度不合适可借助直尺等移动到实际水平面上);根据放样给出的胎架型值表,在胎架模板各相应位置量出相对于上述所作水平面的高度型值,然后用样条光顺连接各点即得各胎板处分段线型。

制造番号						BLOCK	类别	板厚	PICH
S001						CB01	全体	17.5	1 000

余量					
艉上	艉下	艏上	艏下	上SEAM	下SEAM
0	0	0	0	0	0

	*0	*1	*2	*3	*4	*5	*6	*7	*8	*9	*10	*11	*12	*13	*14	*15
*0	1290	1244	1186	1116	1039	954	864	771	676	581	485	390	295	201	109	19
*1	1367	1351	1324	1285	1236	1178	1114	1046	975	902	829	755	680	604	529	454
*2	1221	1241	1248	1244	1229	1206	1175	1137	1096	1052	1007	958	907	855	801	747
								G1								
*3	941	993	1033	1063	1083	1093	1096	1092	1083	1071	1054	1034	1010	984	955	925
*4	623	701	768	824	873	913	944	972	993	1010	1023	1031	1035	1036	1033	1030
		FR 36					FR 41				FR 46					
*5	334	432	522	604	679	746	807	861	910	954	993	1028	1058	1085	1107	1123
								G2								
*6	158	274	384	487	585	675	759	836	909	977	1040	1099	1151	1200	1244	1290
*7	170	298	418	532	642	746	844	939	1028	1114	1195	1272	1343	1411	1473	1529

.........................EDGE POINT(X,Y,Z).........................

FR=34(400) FR=36(0) FR=41(0) FR=46(0) FR=50(400)

253 . 951 852 1 352 . 2 302 867 1 307 . 6 872 880 1 032 . 11 485 865 677 . 14 717 852 420

250 . 721 3 234 914 . 2 023 3 309 956 . 6 399 3 538 1 026 . 10 804 3751 1036 . 13 895 3896 1028

206 . 500 6 263 201 . 1 754 6 344 345 . 5 959 6 594 786 . 10 190 6828 1174 . 13 167 6981 1414

图 4－1　图表格式胎架布置图

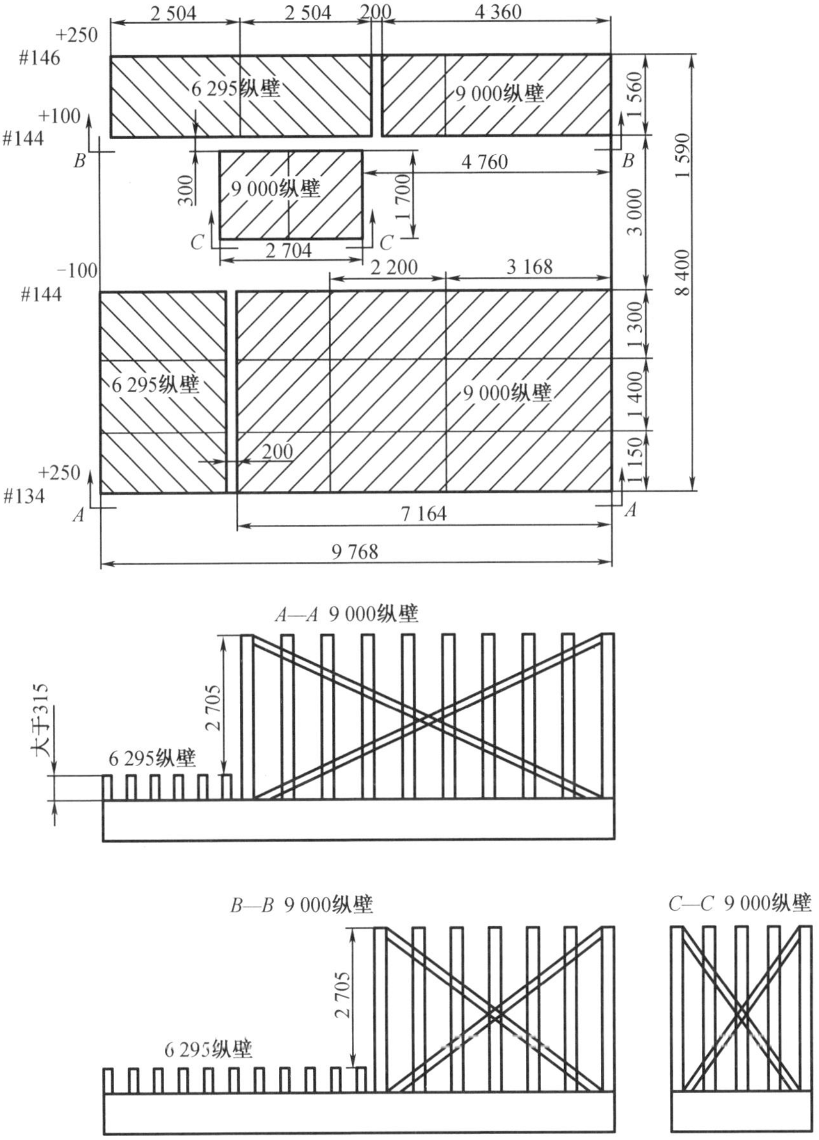

图 4 – 2　图形格式胎架布置图

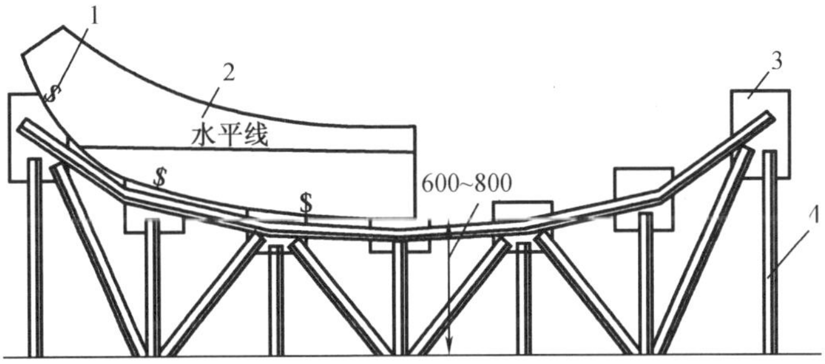

1—接缝线;2—样板;3—模板;4—框架。

图 4 – 3　胎架的胎板安装位置线画线示意图

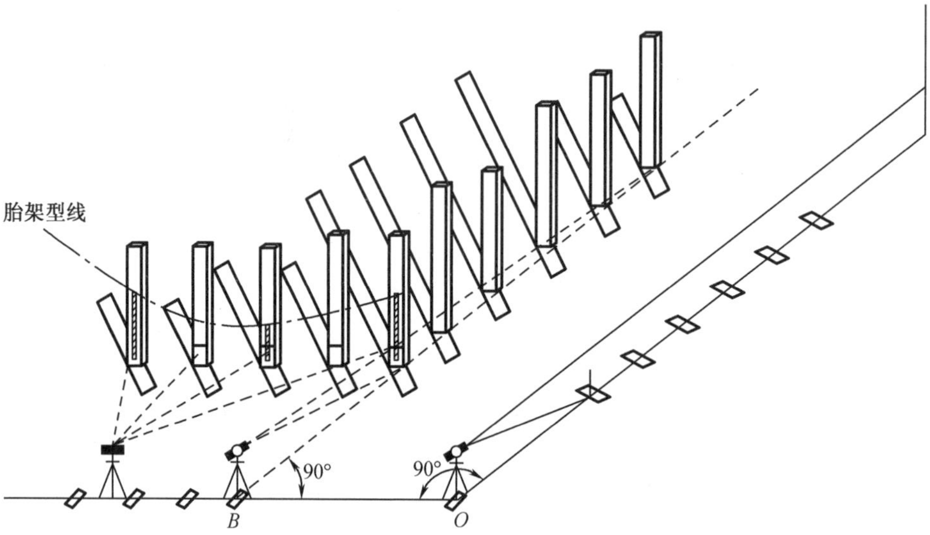

图 4－4　胎架型线画线示意图

判定胎架检测是否为合格品的依据见表 4－2。

表 4－2　胎架制作精度基准表

单位:mm

检验内容	精度标准		检验方法
	标准	允许	
模板位置偏差	≤2.0	≤3.0	按胎架图尺寸检测
模板垂直度	1/1 000	2/1 000	用线锤检测
模板中线或水线基准线偏差	≤1.0	≤2.0	用线锤检测
平线四角水平	≤2.0	≤3.0	用水准仪或水平软管检测
模板型线与样板型线偏差	±1.0	－3.0～1.0	用胎架画线样板检测
模板上外板接缝线偏差	±1.5	±3.0	用胎架画线样板检测

任务二　拼板画线精度控制

腹板与面板按理论尺寸下料,定位安装后,焊接后面板上翘,反变形背烧腹板后,组合型材收缩短尺,应进行精度补偿。现阶段一般只对端口与该分段所对应板材端口加相同的补偿量,而板材相对收缩较小,造成组合型材与板材主尺度不同步。所以需要通过大量测量数据找出规律。

通过监控各阶段板材焊接收缩量，优化板材之间的焊接间隙，合理利用平均补偿，并完善精度补偿体系，可避免多次切割，提高工作效率。分析因坡口角度、板厚、焊接间隙、电流大小、环境温度等原因造成的焊接收缩，总结出板材拼接的最佳补偿值。

图 4－5 为分段纵、横构架(或骨架)位置线画线示意图。分段中心线可由经纬仪将胎架中心线转绘。各肋位线可由经纬仪绘制，也可由经纬仪和五棱镜配合绘制(这特别适宜较大型且较平直的分段绘制纵、横构架位置线)。

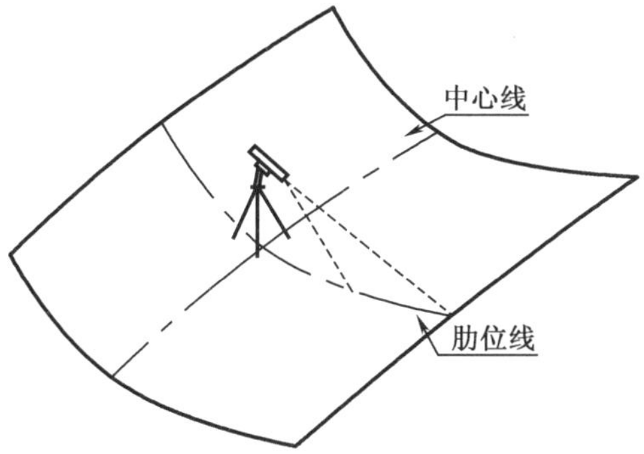

图 4－5　分段纵、横构架(或骨架)位置线画线示意图

一、在底板上画纵横骨架线

根据胎架中心线在分段的两端标出中心点，连接这两点即得分段中心线。然后画出肋骨线，肋骨线的画法有下列几种：

第一种是激光经纬仪法，即把胎架中心线复画到底板上后，用样棒或根据草图用钢卷尺在分段中心线上标出每挡肋骨点后，过每一肋骨点架好激光经纬仪，校好水平，对准分段中心线，读取水平度盘角度 α，然后旋转 90°，固定水平度盘，发射激光束，转动竖直度盘求得许多激光点，顺点连线即为肋骨线。这种画法因需要经常搬动仪器而显得不太方便，如果把激光经纬仪与五棱镜结合画线就方便多了。五棱镜及其支座就是专门用于配合激光经纬仪画线的。其支座可上下、左右、前后进行调节，由激光经纬仪发射的激光束进入五棱镜箱的进光口后，折射 90°从出光口射出。五棱镜箱可旋转 360°。支座的底脚装有磁铁开关，固定位置后打开开关就能使整个支座连同五棱镜牢固地吸附于钢板上。因此，只要把五棱镜及其支座放到中心线上某肋骨点处，激光经纬仪置于中心线上，发射的激光束投至五棱镜时，光束按 90°折射到底板上，转动五棱镜，即可在底板上得出数点，连接各点即为肋骨线，如图 4－6 所示。

第二种是拉线架吊线锤法，即从胎架拉线架上的已知肋位处拉根钢丝，在钢丝上吊线锤找出若干底板上的点,再用样条将这些点连接起来即得肋骨线。

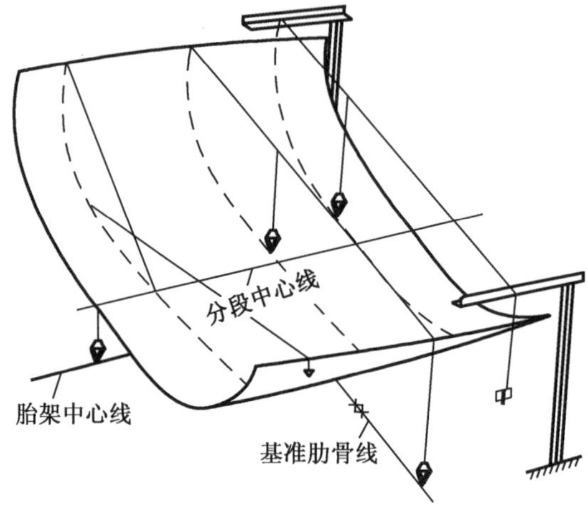

图 4－6　底板横向骨架画线法

第三种是基准线对线法,即将胎架基准面上标出的基准肋骨线用线锤复画到底板上口边,以该点为准,用肋骨间距在上口线的展开样棒画出上口线上的各肋骨点,打上标记,然后沿对应点拉出钢丝,用吊线锤的方法找出若干点,即可画出肋骨线了。

第四种是拉线交面法,即利用肋骨平面画出肋骨线的方法。这种方法是已知底板上口线及中心线上的各肋骨点后,用两根粉线进行画线的,其中一根咬住一舷底板上口线及中心线上的对应肋骨点,并绷紧固定;另一根的一端咬住另一舷底板上口线的相应肋骨点,使另一端靠着绷紧的粉线移动,其线头与底板相交点的连线为肋骨线。

纵向骨架线的画法是在基准肋骨线上画出纵向骨架点,将激光经纬仪对准该点,以肋骨线为准,旋转 90°后固定水平度盘,转动竖直度盘并发射激光束,在底板上定出若干点,然后顺点连线即得纵向骨架线。同样,画纵向骨架线也可将五棱镜放在基准肋骨线上某一纵向骨架点处,激光经纬仪置于基准肋骨线上,发射的激光束经五棱镜成 90°折射后找出若干点,再顺点连线画出纵向骨架线。或者根据草图展开尺寸或利用展开样棒在各肋骨线上标出点,然后连接各对应纵骨架点即得纵向骨架线。以上画线方法,可根据实际情况任选一种。纵横骨架线画妥后,需进行复查,并做出标记。

二、舷部纵横骨架画线

正斜切舷侧胎架上的画线通常有下列几种方法,任选其中一种即可。

1. 激光经纬仪法

如图 4－7 所示,在胎架外的平台上作垂直相交的两根直线 AO 和 OB,且使 AO 平行于胎架中心线,OB 与胎架中心线相交于 C 点,过 C 点架设激光经纬仪即可在外板上画出中心线。在 OB 线上以 C 点为准,可找出纵向构件位置点 D、E、F、G 等。用同样的方法,可以过这些点画出外板上的纵向骨架线。在中心线上用伸长肋距样条或草图、卷尺可找出各肋骨位置点。用同样的方法,在各纵向骨架线和分段纵缝线上也找出各肋骨位置点,用样条将相同肋号的点连接起来即为各肋骨线。

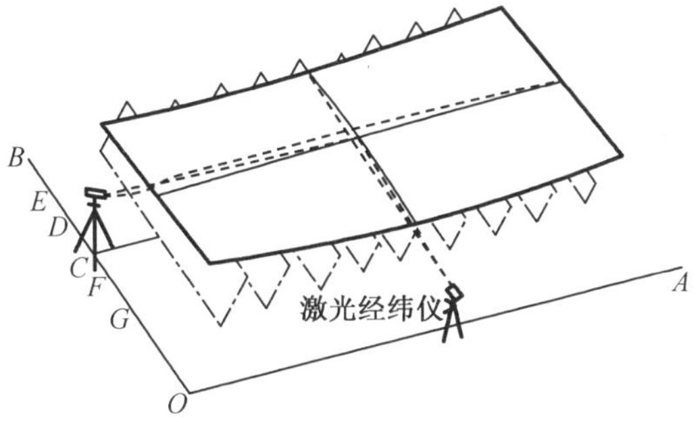

图 4－7　激光经纬仪法

2. 两线法

如图 4－8(a)所示,先根据胎架中心线用线锤在外板上画出一根纵向角尺线,接着在胎架中部基准肋骨处顺沿胎架斜度(胎板的两端)分别安装拉线架,在拉线架的上下部位各拉一根钢丝,这两根钢丝所构成的平面即为肋骨面。一般应使两根钢丝间有足够大的距离,方可保证画线的正确性。然后使粉线靠紧上下钢丝(但应保持粉线挺直),粉线下端与外板相交点即为肋骨线上的点。这样做出许多点后,用样条连顺即得基准肋骨线。

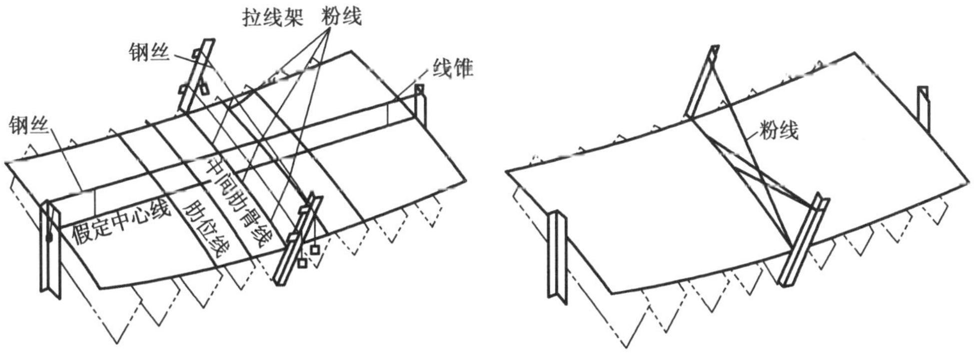

图 4－8　两线法

同样,也可如图 4－8(b)所示在拉线架上拉出对角线,该对角线所构成的平面也是肋骨面,再用粉线在外板上找点连线即可。以基准肋骨线为准,分别在边接缝和纵向角尺线上用肋距伸长样条或草图展开尺寸画出其余肋骨位置点及分段横缝位置点,再用样条将各肋骨线及分段横缝线连出。同样,以纵向角尺线为准,用肋骨伸长样条或草图展开尺寸可画出纵向骨架线及上下口纵缝线。

3. 计算法

如图4-9所示,钢丝到外板的垂直距离(吊线锤的长度)S_1是已知的,则基准肋骨线在胎架上的肋骨弯度h_1应为

$$h_1 = hS_1/S$$

式中 S——肋骨间距;

h——正斜切基准面在一个肋距内的斜升值(即肋骨级数)。

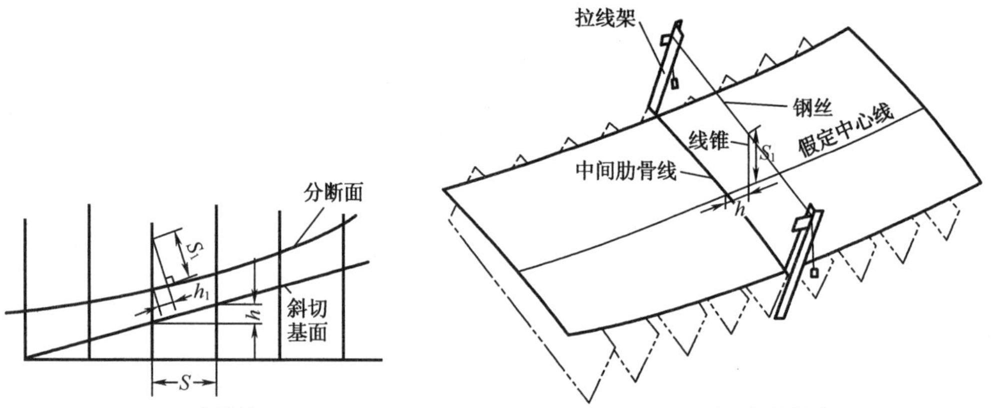

(a)求冲势 (b)画中间肋骨线

图4-9 计算法

甲板分段的画线与底部分段相同。因甲板分段是倒装,故须注意骨架的左右位置应与图4-9中相反,这里不再赘述。

任务三 分段施工过程精度控制

一、分段施工过程精度控制方法

1. 完善精度管理体系

编制《分段精度管理及处罚细则》《分段评级管理规定》《传统方式完工检测管理规定》《三维精度测量管理规定》《内外场画线管理规定》《流水线分段精度管理规定》等。编制《分段精度作业指导书》,包括“精度管理室日常管理规定”“精度管理安全生产规范”“仪器设备保养及使用规范”“精度管理室生产操作规程规范”“画线、完工检测管理及处罚规定”

"各船型主要参数汇总""常见问题分析"。

2.组建精度控制数据统计小组

此项目用于分段建造跟踪控制,以数据为中心实行分段过程精度控制,高速有效,为分段过程控制提供数据基础。

数据统计以每日的完工检测表为准,进行电子档的登记备案。此方案不仅方便各检测小组快捷地查找施工分段的相关数据,对分段完工检测的施工状况加以跟踪,而且更加注重分段建造精度过程控制,如对分段胎架、胎板、画线、槽型舱壁的焊前、焊后及三维全站精度控制等过程检测都有相关数据的统计。现阶段以数据为中心实行各项精度管理及控制规范,大大提高了分段制作精度。以月为单位进行分段评级工作,对一次合格分段和不合格分段进行统计,整体控制分段施工状况。

3.程序管理扩展

(1)控制胎架胎板检测

胎架转角:采用经纬仪对场地进行十字胎心线的转角,做好理论线基础。

(2)胎架检测

为保证外板线型打好基础,采用水准仪来检测场地胎架高度、间距。

在胎架检测前增加胎板精度交检,对胎板符胎进行严格控制,能够有效消除画线误差和装配误差。

4.运用三维测量仪器设备对分段进行严格的精度检测

(1)焊前检测

使用全站仪进行内壳板定位焊接后的焊前检测包括胎板线型、画线和主要框架定位的检测。

(2)完工检测

完工检测前要检查"焊前精度测量报告"上是否有施工班长的签字确认,使用全站仪对分段进行整体的精度测量,测量后用三维软件进行分段实际数据与理论数据的比对,确认分段整体精度是否在公差范围内,验收合格的分段签字下胎,并把相关数据于当天传送给船台(坞)下道工序。运用三维测量艏部分段模拟合龙,在检测工作中不断细化控制程序,将引进仪器设备的功能使用最大化,适应各部门分段施工状况,积累经验,改进不足。

5.传统测量与三维精度检测相结合

由于机舱段、舭部分段保型值等相关数据提供得不细致,分段合龙时数据表以外的数据会出现超差现象。为避免出现类似的问题,用三维测量系统调出想要测量的数据,采取加测点、加保型的方式,使三维测量与传统测量相结合,满足合龙时的要求。

6.精度控制中的问题与反馈

在严格的精度控制过程中,逐步暴露出施工质量问题和钢料加工质量问题。为此,检验员应在分段制作工序有针对性地进行专项控制,积累数据和相关照片,反馈上道工序精度控制的不足,做到在分段制造阶段消除质量隐患。

7. 区域化过程控制的推进实施

将现有施工单位按区域进行划分，由专人负责，提高分段建造精度过程控制水平，培养精度管理人员的精度管理理念。对发现的问题进行分类统计分析，定期组织相关人员进行交流，制定整改措施，做好持续改进工作。提高精度控制水平，注重分段建造过程控制，增加分段建造重要控制点。精度管理室区域人员划分见表4－3。

表4－3　精度管理室区域人员划分表

区域	流水线区域	装焊厂房区域	外场区域	三区区域	技术组
区域负责人	1人	1人	1人	1人	1人
区域成员	11人	9人	8人	10人	1人

8. 针对新型船只的精度控制工作交流研讨

针对现场施工BC1800系列船只难点、重点控制分段进行数据累积，在BC1800系列船只槽型舱壁、边底、舷外、机舱等分段进行开工前的交流研讨，在工作中及时发现问题并给予解决，定期对发现的问题进行总结。例如：

①图纸不明确，可运用三维分段模型查找理论数据，多角度转角，以保证分段精度。

②来料错误状况频发，对于出现长尺、短尺及坡口问题严重的船体资料，可用作荒料线、借尺等方法来处理。

③场地和胎架不规范，胎架不是以往的模板胎架，焊后变形严重，对施工和后续作业影响很大。为此在分段施工前先做出基准地心以检测分段尺寸。

9. 做好分段的质量预警工作并定期进行质量反馈

若工作中发现检测分段精度不达标准、外观不美观等问题，应拍摄较多的相关照片说明，对控制不足的点、面在科室内部针对相关问题提出整改措施和控制方案，细化精度控制中的不足。

10. 坚持质量巡检，及时解决下道工序反馈问题

各部门应长期进行质量巡检，在巡检过程中发现问题要进行必要的整改工作。积极配合下道工序反馈的质量问题，专派组长查清问题并给予解决，多次走访船台（坞）船体精度控制部门，针对不足进行整改。

任务四　分段完工检测精度控制

根据船体装配阶段，船体测量可划分为以下几个阶段：分段拼板画线、纵横构架安装线测量，构件定位测量，分段成形测量，船台或船坞画线测量，船体装配与完工测量。

船体测量阶段划分、内容及目的见表4－4。

表4-4 船体测量阶段划分、内容及目的

船体装配阶段	测量阶段		测量阶段名称	测量内容	测量目的
部件装配	Ⅰ	1	部件装配测量	T型部件、主要基座 艏艉柱	测量焊接变形以便矫正; 测量完工尺寸,为下阶段装配工作提供依据
分段装配	Ⅱ	1	胎架测量	胎架中心线 胎架水平线 模板垂直度(或倾角)	为分段装配提供准确依据
		2	分段测量	分段中心线、轮廓线 分段尺度(长、宽、高) 基线挠度(对底部分段) 四角水平 梁拱、脊弧、舷弧	掌握分段建造的变形规律及具体数据; 根据变形情况进行火工矫正或在船台装配阶段采取相应的措施; 为船台装配提供依据
船台装配	Ⅲ	1	主船体装焊完毕	基线(龙骨)挠度 艏艉端点高度 轴中心线高度 舵杆中心线前后位置 主尺度(长度、型深、型宽)	测量船体变形情况; 根据变形情况采取必要措施,防止变形继续增大; 测量型深和型宽的完工数据
		2	拉轴线主机基座前	基线(龙骨)挠度 轴孔中心高度	根据船体变形情况修正轴线高度,使之符合设计和主机安装要求
		3	上层建筑装焊完毕	艏艉端点高度 轴中心线高度 基线(龙骨)挠度 舵杆中心线前后位置 总长	掌握上层建筑分段安装对船体变形的影响
		4	全船火工矫正后	艏艉端点高度 基线(龙骨)挠度 总长	了解火工矫正对船体变形的影响
		5	密性验完毕	艏艉端点高度 基线(龙骨)挠度	了解船体经过密性试验以后的变形情况
		6	画水尺、水线前	总长、设计水线长 基线(龙骨)挠度 艏艉端点高度	作为画水尺水线的依据; 作为船体主尺度的完工数据

任务五　分段精度管理典型案例

精度控制基准书是按分段类型和区域编制的目标产品在零件加工、组立、总组、搭载各阶段的精度控制要点与具体措施，它是生产设计、建造工艺、现场精度管理等各方面的基准文件之一。

下面以17万吨级散货船为例介绍典型产品的精度控制基准书，其他船型可以参照执行。

一、典型产品的精度控制基准书

精度控制基准书提供了船体建造过程中各种类型零部件的尺寸及形状标准（表4-5），作为精度检测及精度控制的基准，最终确保分段、总段及搭载的精度控制满足规范要求，以提高生产效率。

表4-5　精度管理部门考核基准　　单位：mm

序号	区域	管理项目	图示	检查位置	管理基准	极限范围
1	加工	主板切割	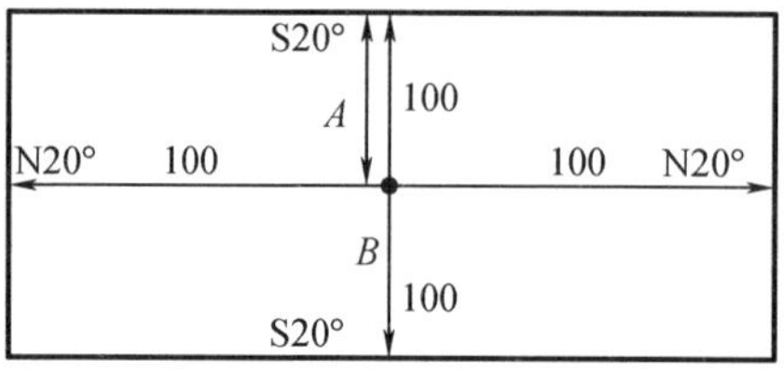	长度 A	±2	±3
				宽度 B	±2	±3
2		坡口	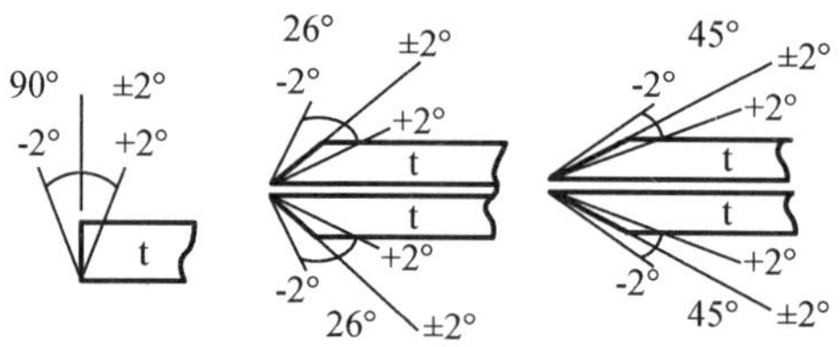	角度	±0°	±3°
3		钢板 MK	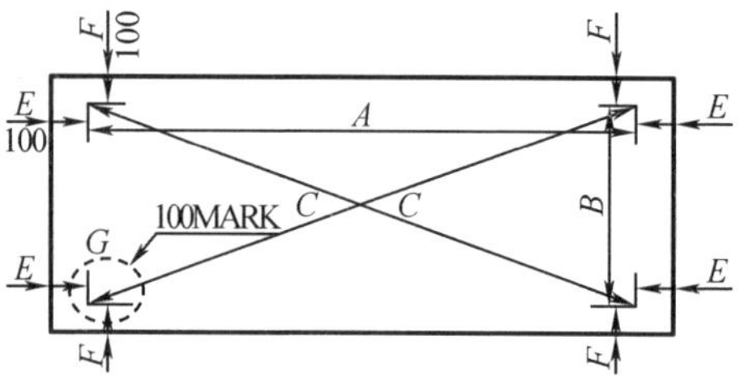	长度 A	±2	±3
				宽度 B	±2	±3
				对角线 C	±2	±4
				基准长 E	±0	±2
				基准宽 F	±0	±2
				MK 粗细	±1	±1

表 4－5(续 1)

序号	区域	管理项目	图示	检查位置	管理基准	极限范围
5	加工	肋板切割	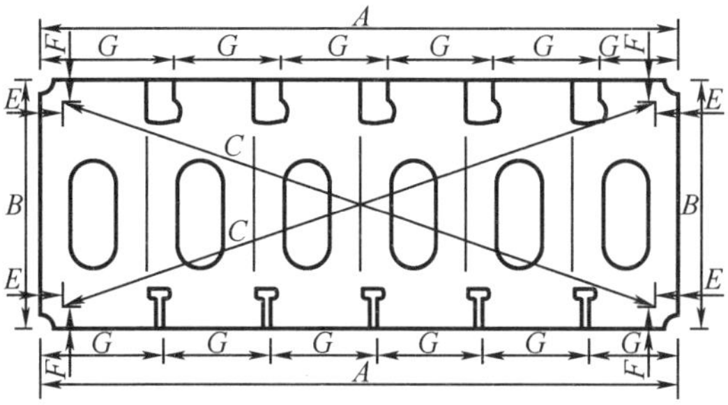	长度 A	±2	±3
				高度 B	±2	±3
				对角线 C	±2	±3
				基准长 E	±2	±2
				基准宽 F	±2	±2
				SLOT 距离 G	±1	±2
6		纵桁切割	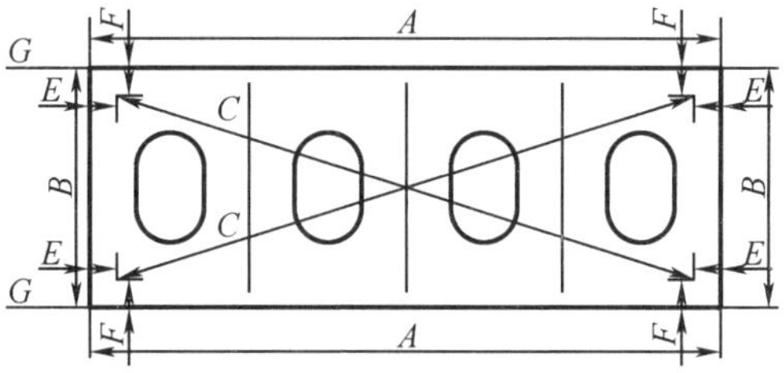	长度 A	±2	±3
				高度 B	±2	±3
				对角线 C	±2	±3
				基准长 E	±2	±2
				基准宽 F	±2	±2
				直线度	±2	±3
7		加强切割	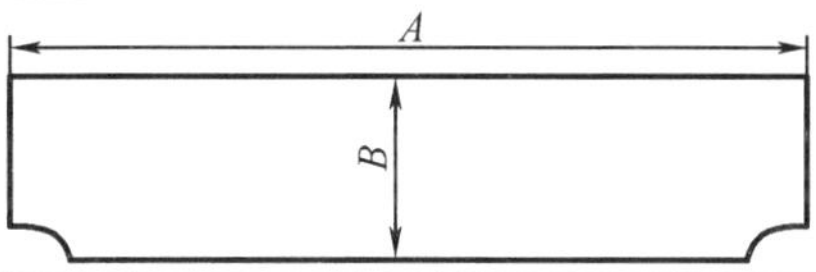	长度 A	±2	+2 ~ −3
				宽度 B	±2	±3
8		内部材	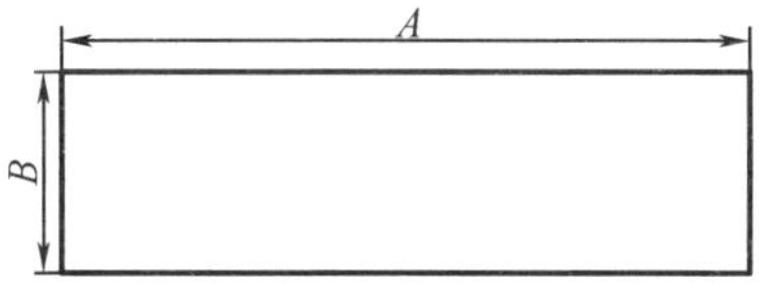	长度 A	±2	+2 ~ −3
				宽度 B	±2	±3
9	冷加工	纵向弯曲构件	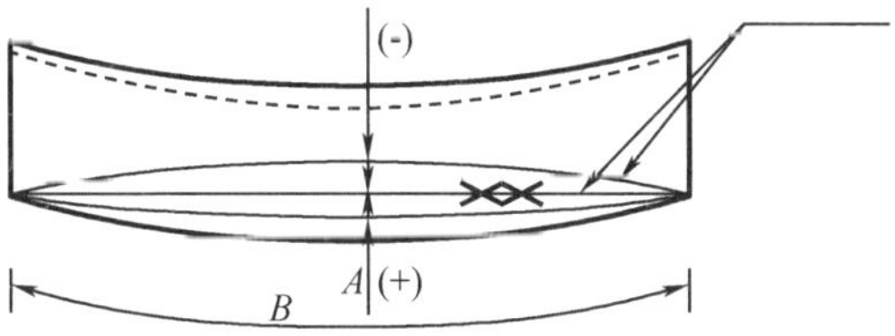	中性线 A	±3	±4
				长度 B	±3	±4
10		曲板构件	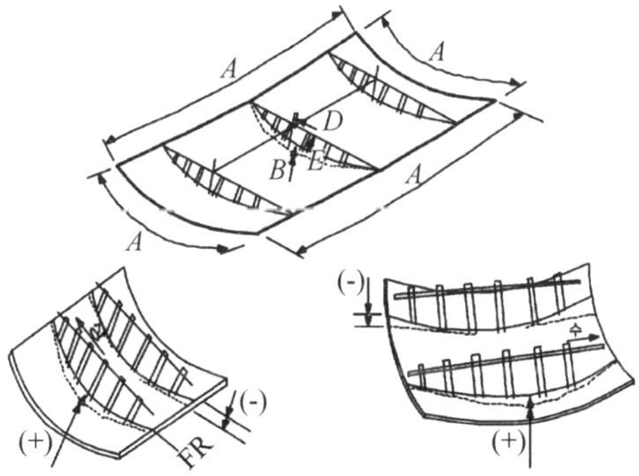	长、宽 A	±3	±4
				横向弯曲 B	±4	±6
				纵向弯曲 C	±4	±6
				垂直中心 D	3 mm 以内	4 mm 以内
				水平中心 E	3 mm 以内	4 mm 以内

表 4-5(续 2)

序号	区域	管理项目	图示	检查位置	管理基准	极限范围
11	冷加工	折弯构件	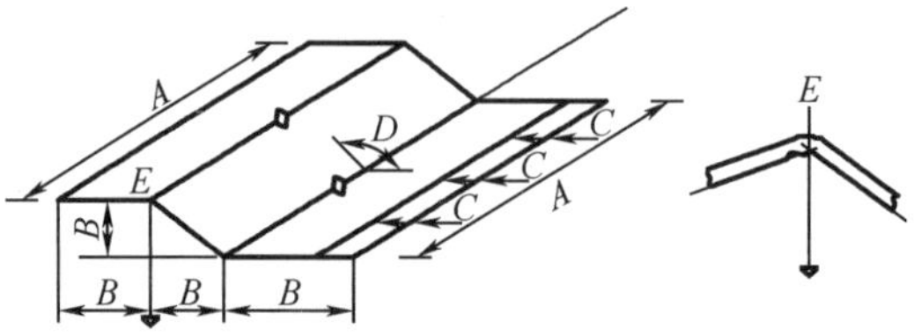	长度 *A*	±2	±5
				宽度 *B*	±2	±6
				直线度 *C*	±2	±6
				折角度 *D*	±1°	±2°
				垂线 *E*	±1°	±2°
12		BUILT-UP 构件	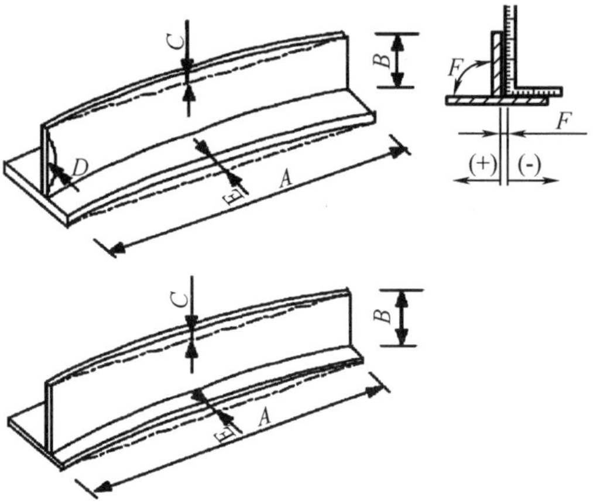	长度 *A*	±2	±3
				宽度 *B*	±2	±3
				腹板直线度 *C*	±3	±4
				腹板垂直度 *D*	±2	±3
				面板直线度 *E*	±2	±4
				面板垂直度 *F*	±2	±4
13		PLINE 钢板	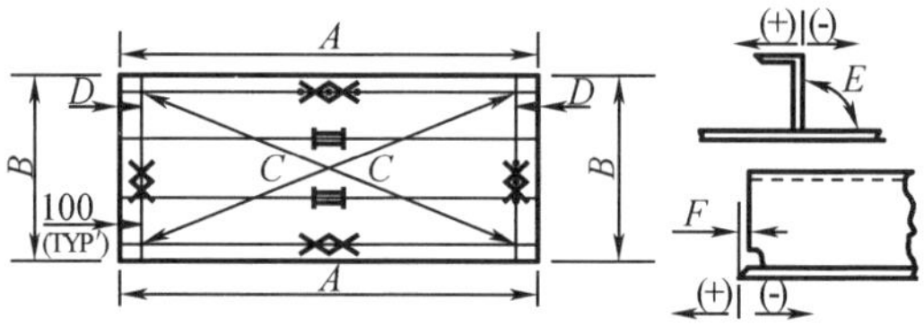	长度 *A*	±3	±5
				高、宽 *B*	±3	±5
				对角线 *C*	±3	±5
				基准线 *D*	±1	±2
				纵向角度 *E*	0 ~ +5	0 ~ +8
				纵向落差 *F*	1 ~ -2	+2 ~ -3

二、典型产品的精度测量表

使用精度测量表的目的是对实物模型进行尺寸管理控制，详细呈现分段测量点，提供准确数据，以方便现场精度管理员进行测量管理，为分段施工控制进行指导。

1. 精度测量表管理项目

精度测量表管理项目：长度、宽度、坡口、对角线、垂直度、重合度、斜度、断差、平板水平度、曲板水平度、外板距中心线距离、中心线偏差、半宽、船首尾分段对接处及分段的三维管理点船体坐标。

精度测量表检查阶段分为主板对接、中组、大组、总组、搭载。

2. 测量表设绘说明

①精度测量表中三角形表示垂直度，圆表示水平度。

②精度测量表中标记的理论线符号表示尺寸以理论线量起。

③精度表中均标注分段方向，PORT 表示左，STB'D 表示右，TOP 表示上，BTM 表示下。

④正文顶部：精度表的分段信息。中间：被测量的分段尺寸及信息。

⑤下框栏各阶段精度检查基准：尺寸(长/宽) ±5 mm、末端断差 ±3 mm、DIMENSION ±5 mm、垂直度 ±6 mm、LEVEL ±6 mm、OFF－CL ±2，用来判断分段合格的基准。

⑥下框栏：问题，即反馈被测量分段尺寸上出现的较大偏差问题；原因，即造成尺寸较大偏差的原因；对策，即理出解决方案，避免下次再出现同样的问题。

⑦三维精度表标有 X、Y、Z，分别表示船长、船宽、船高。

3. 分段制作阶段精度检查

拼板对接检查表见表 4－6。

①平直分段典型精度测量见表 4－7 平直中组阶段精度检查表。

②平直主板对接精度测量见表 4－8 平直大组阶段精度检查表。

表 4－6　拼板对接检查表

拼板对接检查表		生产班组		决裁	担当	主任	部长
		施工人员					
船号		精度检查					
分段号	524/534－LB	检查日期					
示意图	胎架是否自检	□是/□否		水平情况	□合格　□良好　□不合格		

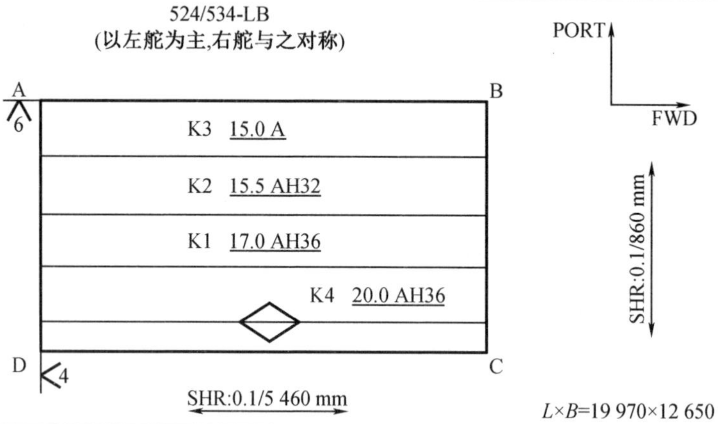

焊前尺寸/mm						检测结果	
项目	编号	焊前理论尺寸	自测数据	检查数据	偏差	自测人/日期	
长	AB	19 968				精度员/日期	
	CD	19 968				备注	
宽	AD	12 658					
	BC	12 658					
对角线	AC	23 644					
	BD	23 644					

焊后尺寸/mm						检测结果	
项目	编号	焊前理论尺寸	自测数据	检查数据	偏差	自测人/日期	
长	AB	19 968				精度员/日期	
	CD	19 968				备注	
宽	AD	12 655					
	BC	12 655					
对角线	AC	23 642					
	BD	23 642					

检查基准	项目	基准	备注
	长	±3	
	宽度	±3	
	对角线	±5	

注:1. 焊前理论尺寸＝理论尺寸＋补偿＋分散延长＋板缝补偿－坡口间隙;

2. 焊后理论尺寸＝理论尺寸＋补偿＋分散延长－坡口间隙。

表 4-7　平直中组阶段精度检查表

<table>
<tr><td colspan="2">精度检查测量表</td><td>施工单位</td><td></td><td rowspan="4">生产</td><td>审查</td><td rowspan="4">精度
管理部</td><td>担当</td><td>主管</td><td>部长</td></tr>
<tr><td colspan="2">CSSC A/C CHK - CHEET</td><td>施工负责人</td><td></td><td></td><td></td><td></td><td></td></tr>
<tr><td>船号</td><td></td><td>测量者</td><td></td><td></td><td></td><td></td><td></td></tr>
<tr><td>BLK NO.</td><td>524/534</td><td>校对日期</td><td></td><td></td><td></td><td></td><td></td></tr>
</table>

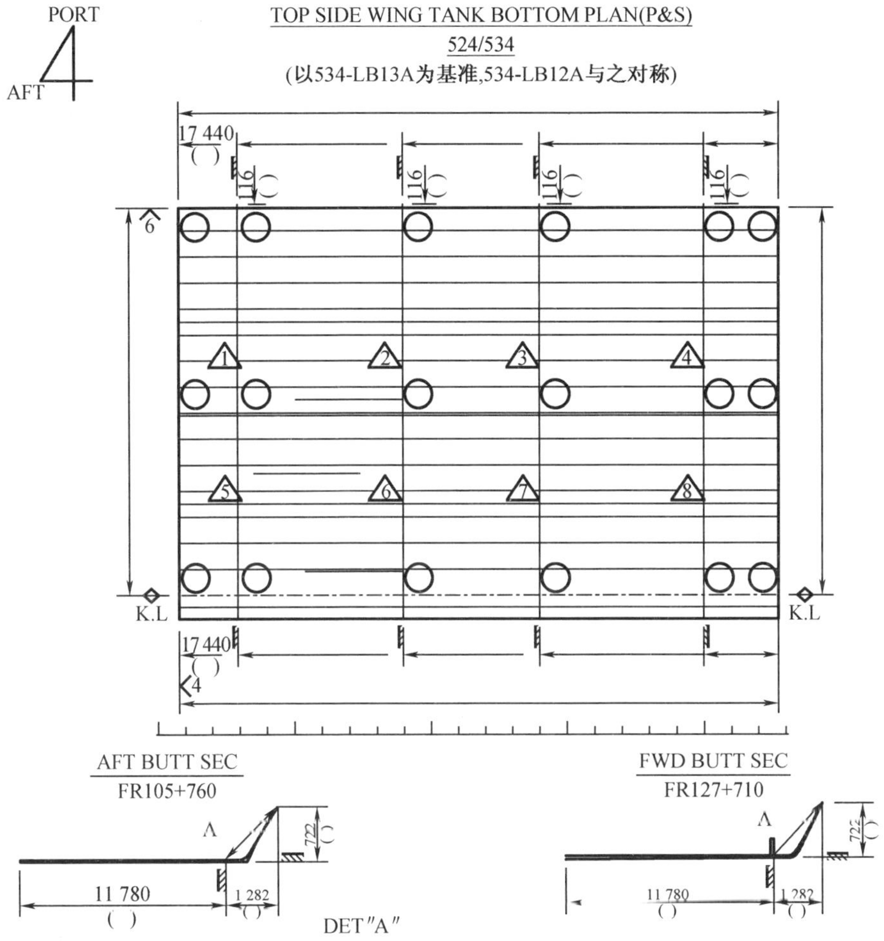

断差

误差/方向	±2 mm	±2mm以上
AFT		
FWD		

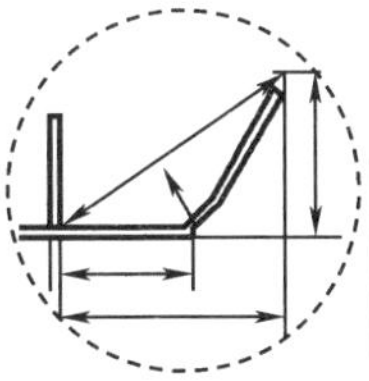

垂直度

测量点	1	2	3	4	5	6	7	8
设计值	100	100	100	100	100	100	100	100
测量值								

<table>
<tr><td rowspan="5">精度
检查
基准</td><td>尺寸(长/宽)</td><td>±5 mm</td><td rowspan="5">问题、原因、对策：</td></tr>
<tr><td>末端断差</td><td>±3 mm</td></tr>
<tr><td>DIMENSION</td><td>±5 mm</td></tr>
<tr><td>垂直度</td><td>±5 mm</td></tr>
<tr><td>LEVEL</td><td>±5 mm</td></tr>
</table>

表 4-8　平直大组阶段精度检查表

精度检查测量表		施工单位		生产	审查	精度管理部	担当	主管	部长
CSSC A/C CHK - CHEET		施工负责人							
船号		测量者							
BLK NO.		校对日期							

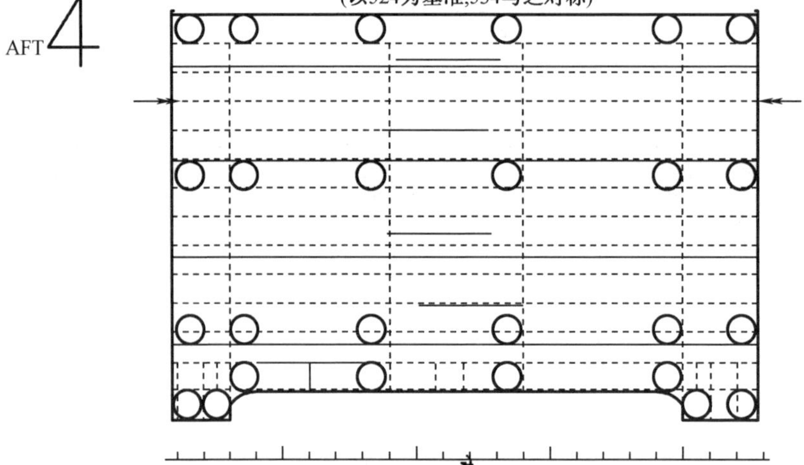

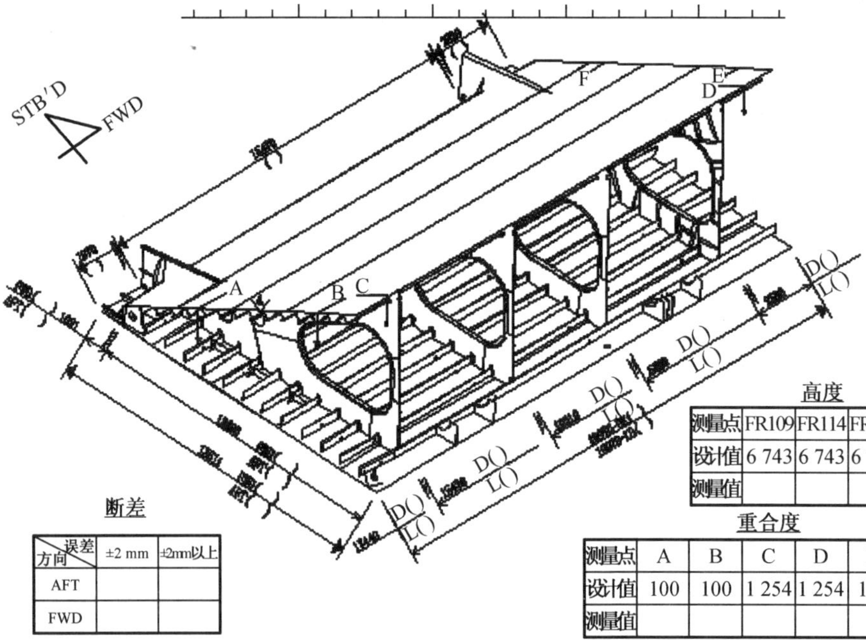

高度

测量点	FR109	FR114	FR119	FR125
设计值	6 743	6 743	6 743	6 743
测量值				

断差

误差 / 方向	±2 mm	±2mm以上
AFT		
FWD		

重合度

测量点	A	B	C	D	E	F
设计值	100	100	1 254	1 254	100	100
测量值						

精度检查基准	尺寸(长/宽)	±5 mm	问题、原因、对策：
	末端断差	±3 mm	
	DIMENSION	±5 mm	
	垂直度	±5 mm	
	LEVEL	±5 mm	

③曲面分段典型精度测量表,见表4－9曲面中组阶段外板精度测量表、表4－10曲面中组阶段甲板精度测量表和表4－11曲面大组阶段艉部轴孔精度测量表。

表4－9　曲面中组阶段外板精度测量表

精度检查测量表		施工单位		生产	审查	精度管理部	担当	主管	部长
CSSC A/C CHK－CHEET		施工负责人							
船号		测量者							
BLK NO.	144/154	校对日期							

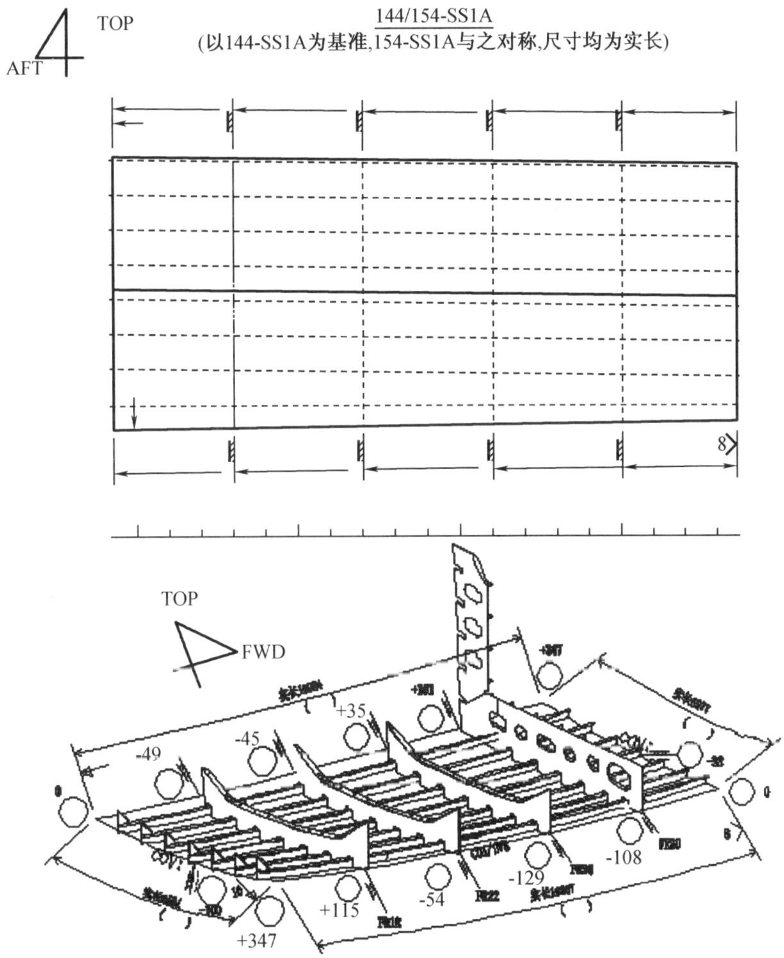

精度检查基准			问题、原因、对策:
	尺寸(长/宽)	±5 mm	
	末端断差	±3 mm	
	DIMENSION	±5 mm	
	垂直度	±5 mm	
	LEVEL	±5 mm	

表 4－10　曲面中组阶段甲板精度测量表

精度检查测量表		施工单位		生产	审查	精度管理部	担当	主管	部长
CSSC A/C CHK－CHEET		施工负责人							
船号		测量者							
BLK NO.	144/154	校对日期							

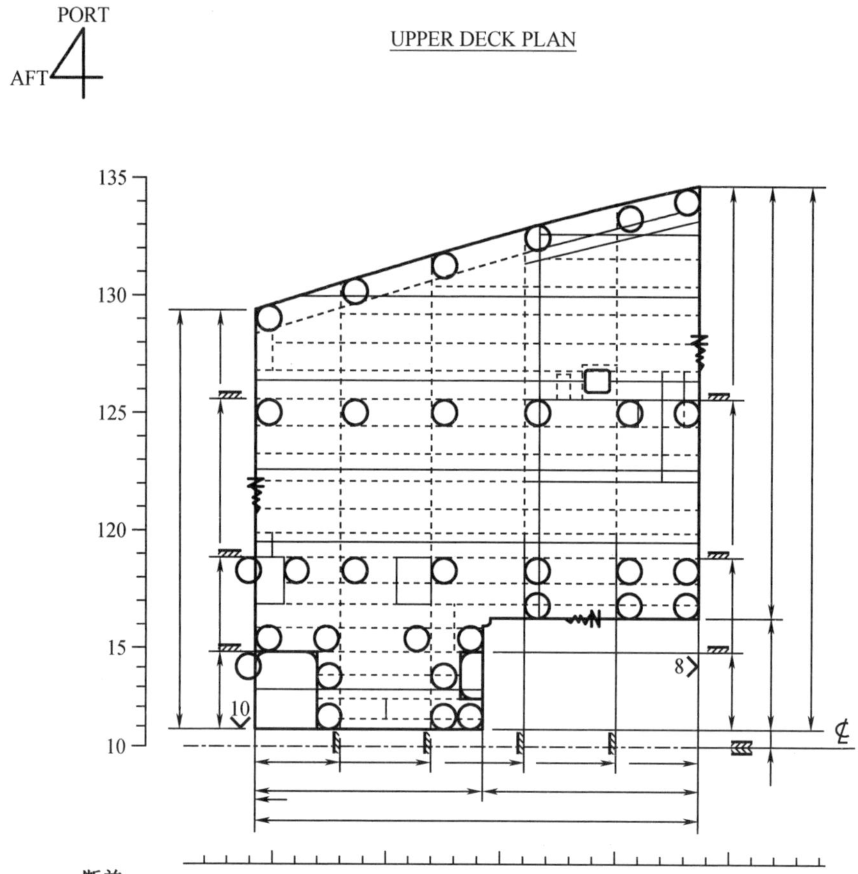

断差

方向＼误差	±9 mm	±9mm以上
APT		
FWD		

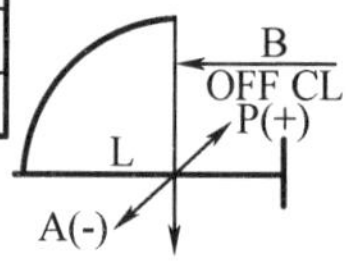

"B"&"L"CHECK

FR NO								
B	正值							
B	误差							
L	误差							

精度检查基准	尺寸(长/宽)	±5 mm	问题、原因、对策：
	末端断差	±3 mm	
	DIMENSION	±5 mm	
	垂直度	±5 mm	
	LEVEL	±5 mm	

表4－11　曲面大组阶段艉部轴孔精度测量表

精度检查测量表		施工单位		生产	审查	精度管理部	担当	主管	部长
CSSC A/C CHK－CHEET		施工负责人							
船号		测量者							
BLK NO.	144/154	校对日期							

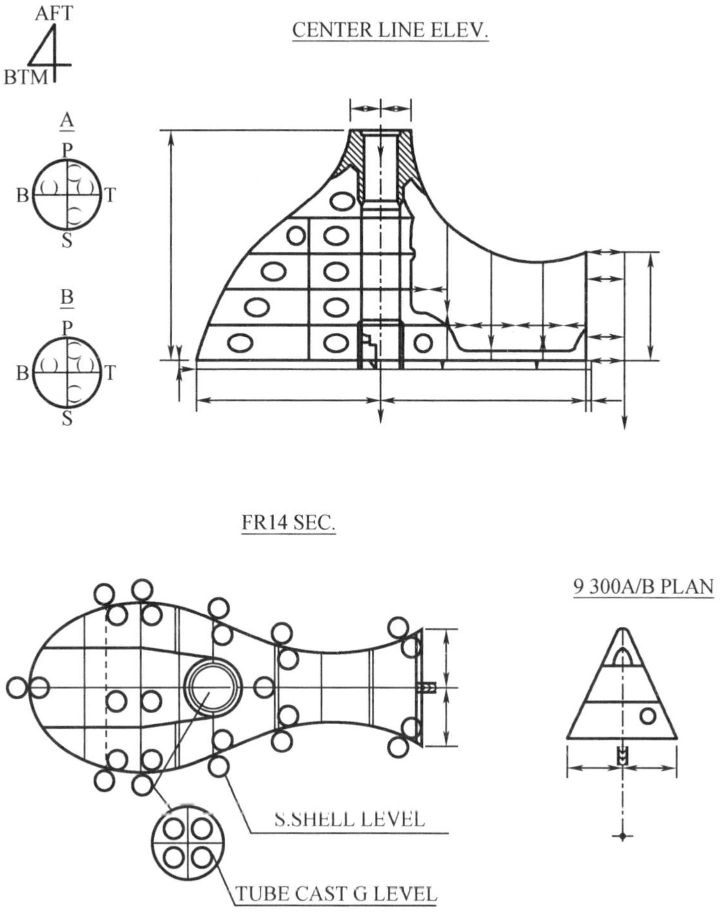

精度检查基准			问题、原因、对策：
	尺寸(长/宽)	±5 mm	
	末端断差	±3 mm	
	DIMENSION	±5 mm	
	垂直度	±5 mm	
	LEVEL	±5 mm	

④总组阶段典型精度测量表，见表 4 - 12 至表 4 - 14 曲面总组阶段典型精度测量表。

表 4 - 12　曲面总组阶段典型精度测量表(1)

精度检查测量表		施工单位		生产	审查	精度管理部	担当	主管	部长
CSSC A/C CHK - CHEET		施工负责人							
船号		测量者							
BLK NO.	144/154	校对日期							

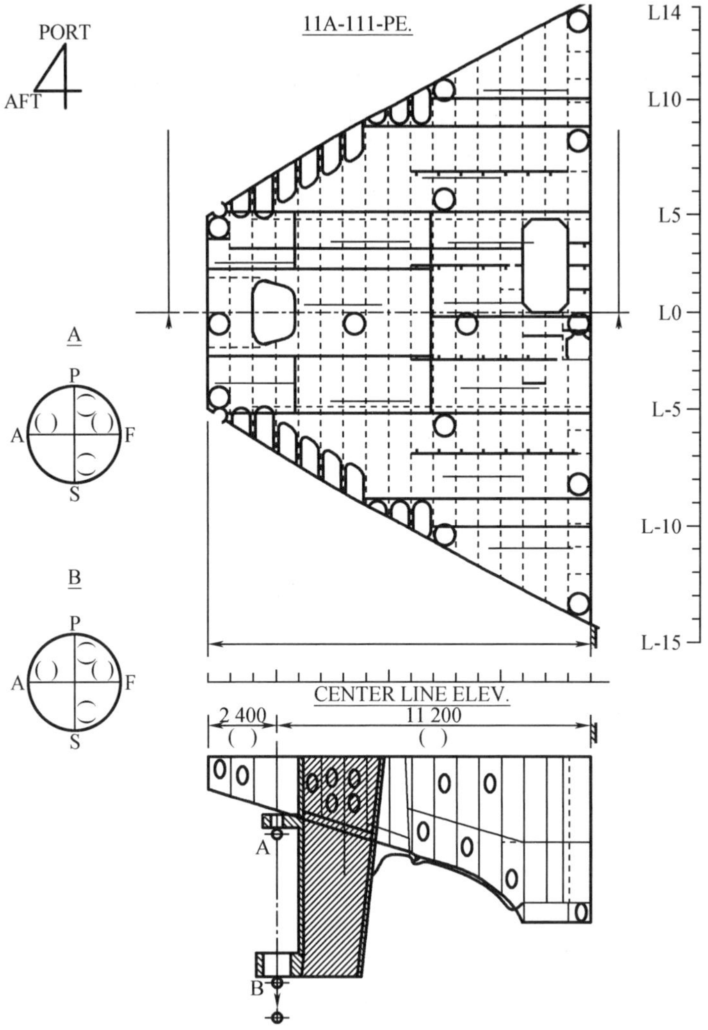

精度检查基准	尺寸(长/宽)	±5 mm	问题、原因、对策：
	末端断差	±3 mm	
	DIMENSION	±5 mm	
	垂直度	±5 mm	
	LEVEL	±5 mm	

表 4－13　曲面总组阶段典型精度测量表(2)

<table>
<tr><td colspan="2">精度检查测量表</td><td>施工单位</td><td></td><td rowspan="4">生产</td><td>审查</td><td rowspan="4">精度
管理部</td><td>担当</td><td>主管</td><td>部长</td></tr>
<tr><td colspan="2">CSSC A/C CHK－CHEET</td><td>施工负责人</td><td></td><td></td><td></td><td></td><td></td></tr>
<tr><td>船号</td><td></td><td>测量者</td><td></td><td></td><td></td><td></td><td></td></tr>
<tr><td>BLK NO.</td><td>144/154</td><td>校对日期</td><td></td><td></td><td></td><td></td><td></td></tr>
</table>

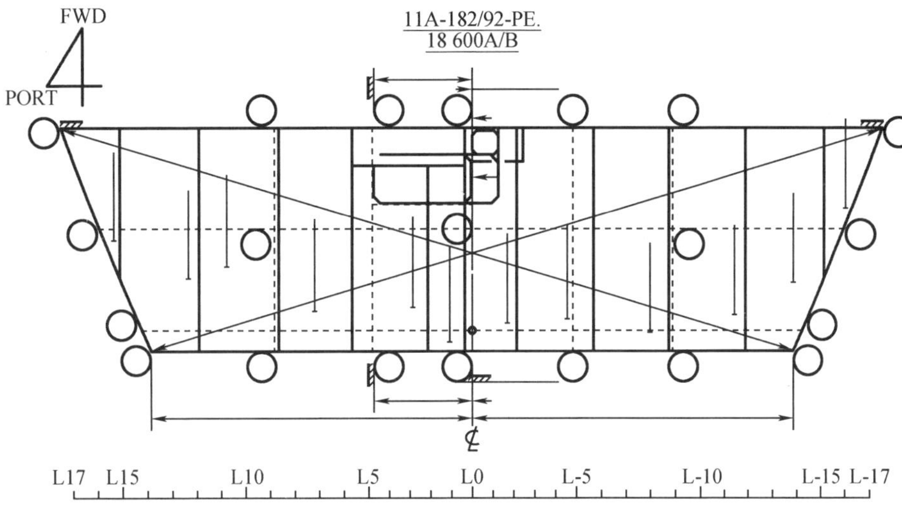

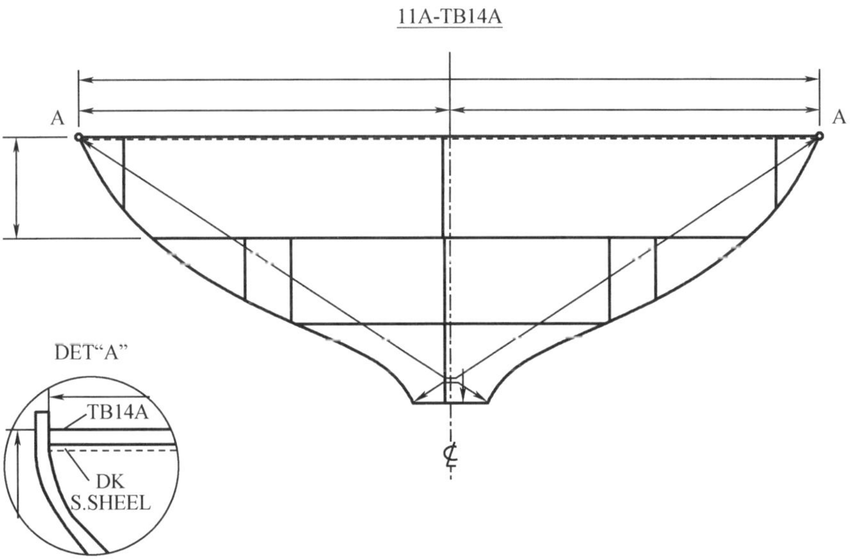

<table>
<tr><td rowspan="5">精度
检查
基准</td><td>尺寸(长/宽)</td><td>±5 mm</td><td rowspan="5">问题、原因、对策:</td></tr>
<tr><td>末端断差</td><td>±3 mm</td></tr>
<tr><td>DIMENSION</td><td>±5 mm</td></tr>
<tr><td>垂直度</td><td>±5 mm</td></tr>
<tr><td>LEVEL</td><td>±5 mm</td></tr>
</table>

表 4－14　曲面总组阶段典型精度测量表(3)

精度检查测量表		施工单位		生产	审查	精度管理部	担当	主管	部长
CSCC A/C CHK－CHEET		施工负责人							
船号		测量者							
BLK NO.	144/154	校对日期							

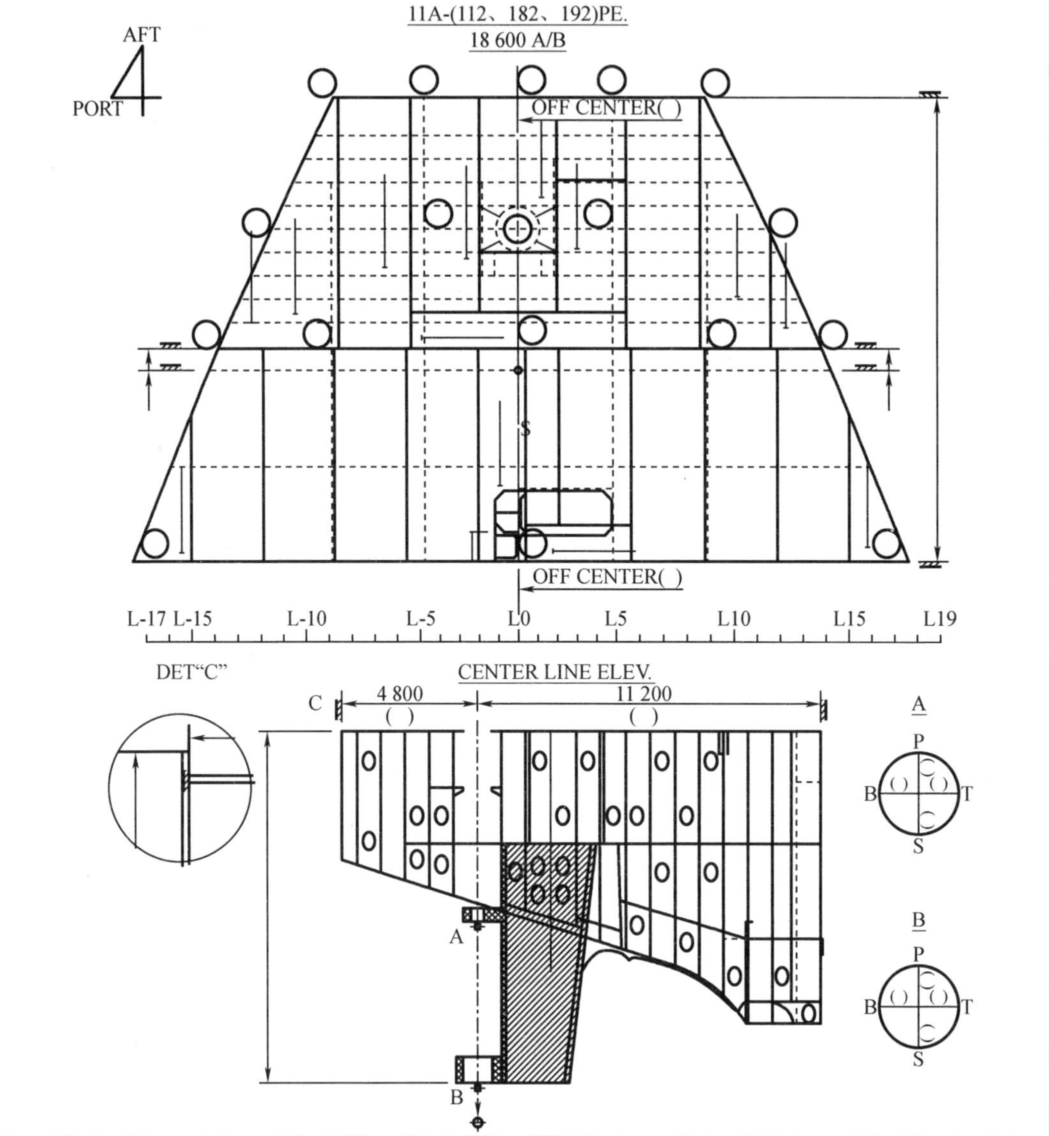

精度检查基准	尺寸(长/宽)	±5 mm	问题、原因、对策：
	末端断差	±3 mm	
	DIMENSION	±5 mm	
	垂直度	±5 mm	
	LEVEL	±5 mm	

项目五　总段装配阶段精度控制

知识目标

1. 理解总段精度控制的管理过程。
2. 掌握总段制造方法与装配步骤。
3. 熟悉总段精度控制的检测方法。
4. 熟悉总段精度控制的标准与要求。

能力目标

1. 能够识读总段图样中的线条含义和各种符号。
2. 能够正确使用精度测量仪器对总段进行数据测量。
3. 能够正确使用精度控制分析软件，并对总段测量的数据进行分析。

船体总段主要包括船尾分段、机舱分段、中部分段、船首分段等。常见船体总段精度控制的管理有总段的装配步骤、总段的精度控制检测、总段的精度控制质量要求和总段的精度数据分析与管理。

任务一　总段装配的装焊简要步骤

底部分段从结构形式上分为双底和单底两类。由于底部分段的结构及钢板的厚度不同，因此有正装和倒装两种装配方法。正装法是以外底板为基准面，一般在胎架上装焊，因此能够保证底部的型线正确。对于单底结构或壳板较薄的底部分段，特别是成批生产此类结构的产品，多采用正装法。

下面仅就底部立体分段正装的装焊制造过程和装焊要点做简要介绍。

1. 制造胎架

双层底立体分段的胎架通常选择平切基准面，并由坚固的基础、胎架底座、胎架模板、纵横向牵条、边缘角钢、胎架中心线画线架、拉马角钢等组成，一般使用横向模板胎架。

2. 底板装焊

底板装焊是从 K 行板开始，依次将平直部分和曲形部分的外底板吊上胎架，并将接缝边的铁锈用砂轮清除干净。

3. 在底板上画纵横骨架线

根据胎架中心线在分段的两端标出中心点，连接这两点即得分段中心线。然后画出肋骨线。肋骨线有以下三种画法：

①激光经纬仪法；

②拉线架吊线锤法；

③基准线对线法。

以上画线方法，根据实际情况任选一种。纵横骨架线画妥后，需进行复查，并做出标记。

4. 纵横骨架的安装

纵横骨架有以下三种安装方法：

①分离装配法；

②放射装配法；

③插入装配法。

5. 焊接

当采用分离装配法安装纵横骨架时，纵向（主向）构件边装边焊，多为单面连续焊，且中桁材、旁桁材、船底纵骨与船底外板的角接焊缝用自动角焊机或半自动角焊机施焊。当采用放射装配法或插入装配法安装纵横骨架时，通常是在与船底外板连接的纵横骨架全部安装好后，再进行焊接。

6. 分段舾装

将预先经过模型放样并加工结束的双层底分段内的管系及其附件等也安装妥；至于安装在内底板上的舾装件，则在内底板装焊结束并待分段矫正完毕后再进行。这种在分段建造中将该分段内的舾装件也一起装焊妥的工艺，叫作分段舾装。

7. 内底板装焊

内底板装焊就是在平台上拼装内底板。根据内底板厚度，不开坡口或预先开坡口，定位焊后，采用埋弧自动焊焊接内底板对接焊缝。焊完正面焊缝后翻板，并进行反面焊缝的焊接。

8. 分段翻身

分段翻身就是将纵中心线、基准肋骨线、水平检验线等定位线复绘到双底分段外表面上，且做好标记，供船台装配时定位用。然后安装吊环，并割胎，即割除底板与胎架相连的"马"板。

9. 检验并涂装

双层底分段的检验分为装配和焊接两方面的检验，贯穿于制造的全过程，并为船体总装做好准备，如大合龙缝的标准边切割正确，余量边画有余量线、定位线和对合线等。装配质量指分段的外形尺寸和型线情况，以及焊接变形的火工矫正。焊接质量指焊接产品符合设计技术要求的程度。

分段涂装在检验后进行，且按设计涂若干层漆料，但大接头处需留 50 ~ 100 mm 宽的区域，暂不涂装，待大合龙后再检验、涂装。最后一道面漆分段涂装时也不涂。

任务二　总段装配的检测方法

总段装焊好后需对总段精度进行检测，以保证其在搭载时的精度要求。现列举几个典型总段的检测方法，相似的总段按照此方法进行检测。

一、船尾总段

1. 艉轴架分段检测项目

艉轴分段检测基准如图 5－1 所示。

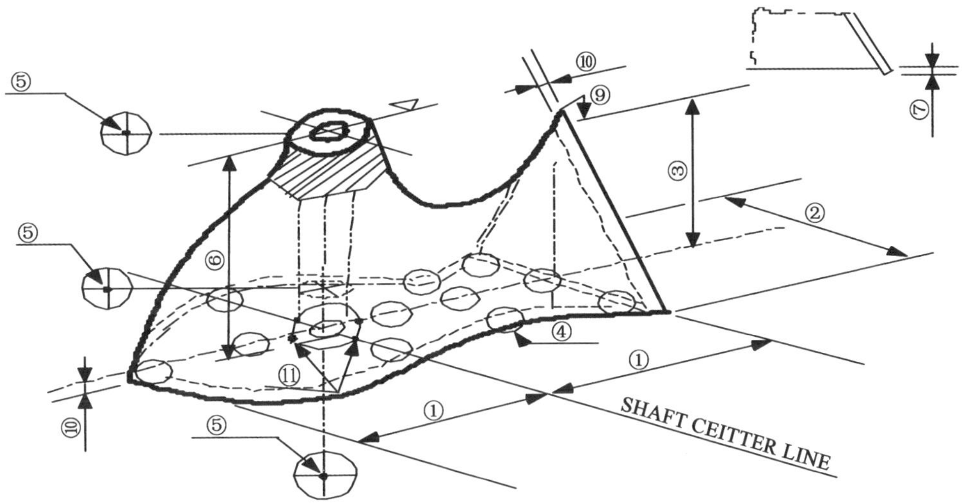

图 5－1　艉轴分段检测基准

①测量舱壁基准面的水平度④：测量时在艉轴管和上部纵桁梁的中间靠里安装水平仪，然后按一般水平度测量方法测量各点，若在一处不能测出全部时，把水平仪向下靠里安装再进行测量。如光亮不够，刻度看不清时可使用手电筒。

②向驱动轴中心垂下线锤，并靠向中心线上边把卷尺的“0”点对齐，然后拉到管缘，后用磁铁固定，此后向纵桁梁横线垂下同样线锤，测量高度①。下部①采用同样方法测量。

③先检测艉轴十字尺寸⑤，然后以轴套面为“0”固定，经过船首管缘中心线并测量其与 LINE 的长度⑥，然后固定垂在 SHAFT CENTER 的线锤，然后 CHECK FLANGE 上、下、左、右的十字线⑤。

④从上部纵桁梁船尾最上部垂下线锤，按垂直度测量方法测量垂直度⑨。

⑤在⑨位置垂下线锤的状态下按尺寸测量方法，测量纵桁梁宽度②，以此来测量最上

部的移动值。

⑥纵桁梁上部的对接部尺寸是依靠直角尺在对接部的内板和外板分别检查测量得到的高度差⑩。

⑦外板对接部的⑩按舱壁面水平度测量时的测量然后按图纸尺寸的大小进行计算。

2. RUDDER HORN BLOCK(吊舵支架分段)检测项目

吊舵支架分段图如图5-2所示。

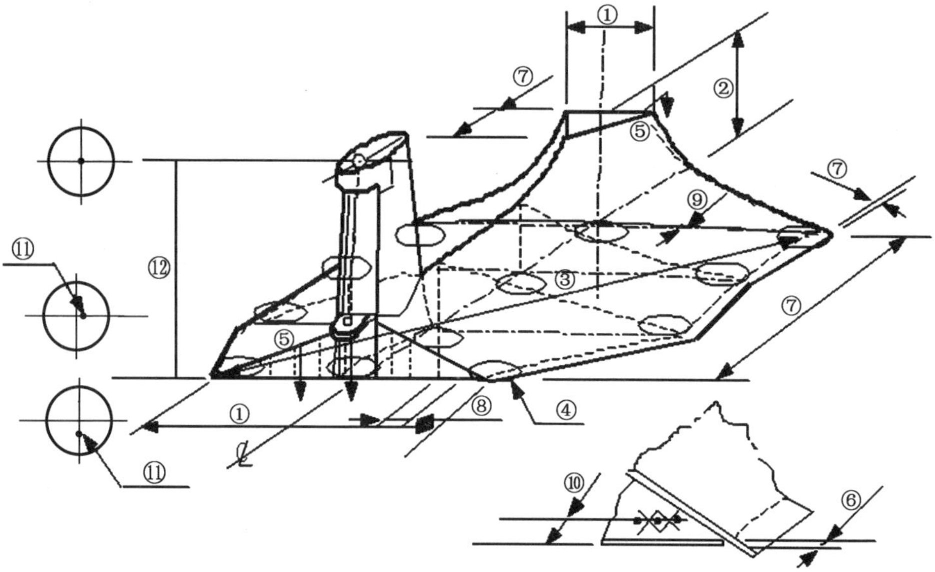

图5-2　吊舵支架分段图

①在能看清所有水平点的位置设置水平仪,并按水平度测量方法测量水平度。甲板模线一般在下面,因此应考虑由于甲板厚度不同产生的误差。

②先对RUDDER HORN下端耳轴十字线的位置做检测,然后向UDDER STBCK CENTER LINE垂下线锤,再使卷尺的“0”点与下端耳轴下表面对齐并拉开,最后设置好水平仪测量高度⑫。

③先止住已设置的线锤的摆动,然后测量上端耳轴的十字线位置⑪。把卷尺的零点与船首对接部或舱壁型线对齐并固定,然后用尺寸测量方法检测到舵角中心的锤线的距离。

④船首对接部①和船尾对接部①,下部肋板一半宽度①和高度②应用尺寸测量方法来测量。

⑤对于船首对接部与船尾对接部外板和甲板对齐与否,采用垂直度检测方法向外板对接部垂下线锤,测量其垂直度⑤。

⑥测量舱壁肋板线直线度⑨时,在磁铁DK、FR、LINE两端设置基线,然后测量中心线的弯曲值。

⑦曲线围长⑩在甲板上部的标记线上,应用一般尺寸测量方法进行测量。

二、机舱分段

1. 机舱分段（机舱双底分段）检测项目

机舱分段检测图如图 5－3 所示。

（1）翻转前的检测（内底板基准状态）

①应用一般水平度检测方法来测量各点的水平度⑤、⑪。注意：由于机座分段有多种厚度的内底面板和不同高度的构造，因此必须考虑与基线高度的差值和厚度差。

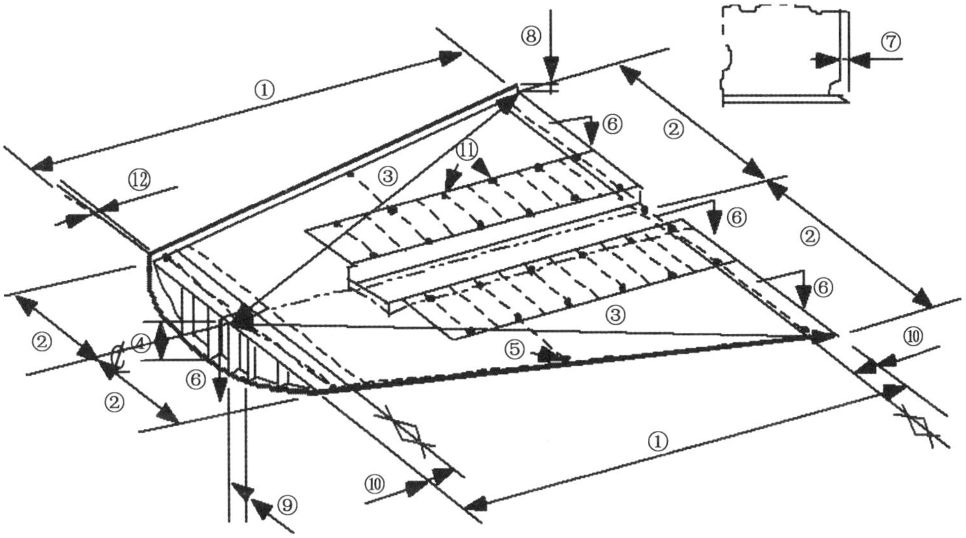

图 5－3　机舱分段检测图

②在底板的船首对接部左右两端垂下线锤，并把两个线锤投影点连接起来，船尾对接部也采用同样方法取两个投影点并连接，然后在两条线上取三条垂直连线，并按尺寸测量方法测量长度①。在底板无法画出投影点的连线时，在船尾对接部艉端下部用强力磁铁把卷尺零点固定，然后把卷尺向船首对接方向与对接线垂直（最短距离或中心线平行），并用约 245 N 的力拉直后即可进行测量。

③船首对接部和船尾对接部的宽度尺寸可用尺寸测量方法来测量至内底板型线和外板型线交叉点的距离。

④高度⑥一般是测量船首对接部的中心梁和侧梁，用尺寸检测法来测量型线到型线的距离。

⑤外板和内底板对接部垂直度⑥的测量，一般用垂直度测量方法来测量，在船首对接部中心和两侧中间任取 5 个点。

⑥船首和船尾对接部的内底板和纵梁的高度差⑦用高度差测量方法来检测。

⑦曲线围长⑧的测量与内底板水平度的测量同时进行，且应计入内底板离基线高度与对接部离基线高度的差值。

⑧内部构件间隙⑨用模线至模线尺寸测量方法来测量。

(2)翻转后测量(外板基准状态)

①大多数测量在翻转前进行，但由于内底板⑤有焊接变形，因此取中心和侧面9个任意点来测量水平度，进而测量内底板的变形量。

②基准线的画线状态用基准线检测方法来测量。

③对角线③一般用尺寸检测方法来测量。

2. 机舱弯曲分段检查方法

机舱弯曲分段检测图如图5－4所示。

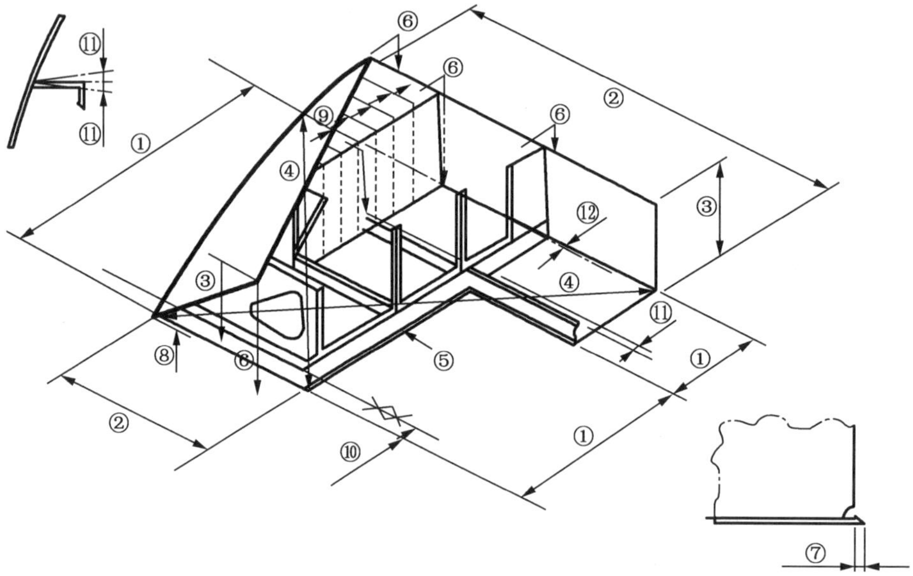

图5－4　机舱弯曲分段检测图

①水平度⑤用甲板上面的一般水平度检测方法来测量，且曲线围长⑧的测量与其同时进行，并计算图面离基线高度。

②长度①、宽度③、高度③和对角线④按尺寸检测方法来测量。

③船首、船尾对接部的垂直度⑥和舱壁纵梁垂直度用垂直度测量方法来测量。

④测量各肋板的半幅④时，用肋板半幅测量方法来测量模线至坡口末端交叉点的距离。

⑤高度差⑦用高度差测量方法来测量。

⑥测量内部构件的间距⑧时，用尺寸测量方法来测量模线至模线的距离。

三、中部分段

1. 双层底分段(双底、斗状分段、侧翼纵舱壁、托架等分段)检测项目(双底分段)

双层底分段检测基准图如图 5 -5 所示。

①在内底板上面的中间部位以适当高度安装水平仪,然后在被测点垂直放好测量尺,并按方法测量每个被测点⑤。

②内底板的长度①、宽度②、对角线③、高度④、基准线⑪用尺寸测量方法来测量。

③各取内底板的船首对接部和船尾对接部的任意两处和内侧对接部的任意两处,并使锤与锤线互不缠住,然后测量垂直度⑥。

④对接部与接缝的主板和内部材的高度差⑦用高度差测量方法来测量。

⑤外板曲线长⑧的测量与水平度的测量同时进行,并计算图纸标记的高度差值。

⑥内部构件间距⑨按先确定模线后用尺寸测量方法来测量。

⑦测量对接部的纵通材角度⑪时对每一个纵通材都用角度测量方法测量。

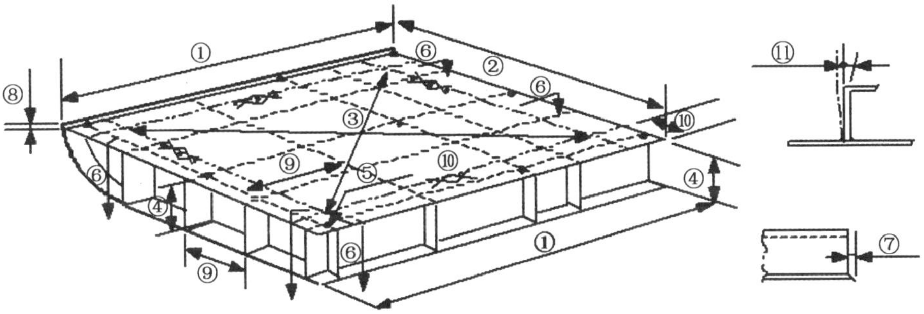

图 5 -5　双层底分段检测基准图

2. 外板、横舱壁、上甲板分段等检测项目

分段检测基准图如图 5 -6 所示。

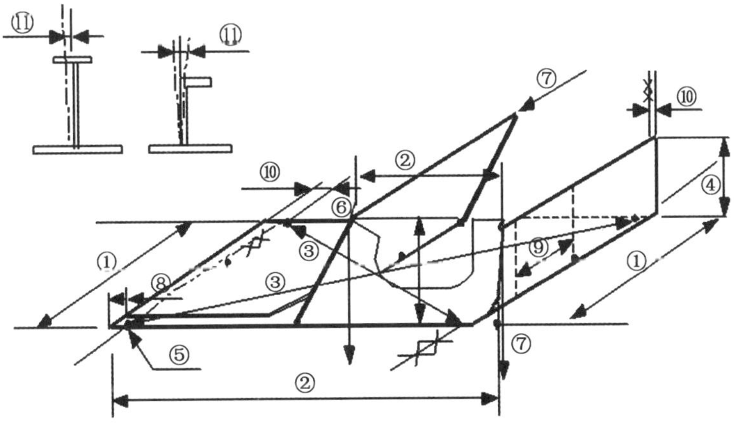

图 5 -6　分段检测基准图

①水平度⑤的测量一般在底面进行,但若在底面较困难,可在上面用水平度测量方法来测量。

②长度①、宽度④、高度②、对角线③和基准线⑩等用尺寸测量方法来测量。但测量高度时在上甲板对接部设置线锤来测量锤长,然后给外板与甲板面的交叉点拉线并测量弯曲值,用线长减去弯曲值即得出高度值。

③对接部的垂直度⑥用垂直度测量方法来测量。

④上甲板弯曲度根据已知弯曲角度应用三角函数求得。

⑤肋板的端部尺寸⑧用高度差测量方法和尺寸测量方法来测量。

⑥内部构件的间距⑨在确认横线后用尺寸测量方法来测量。

⑦纵通材角度和肋板角度⑪用角度测量方法来测量。

四、船首分段

艏部分段检测基准图如图 5 -7 所示。

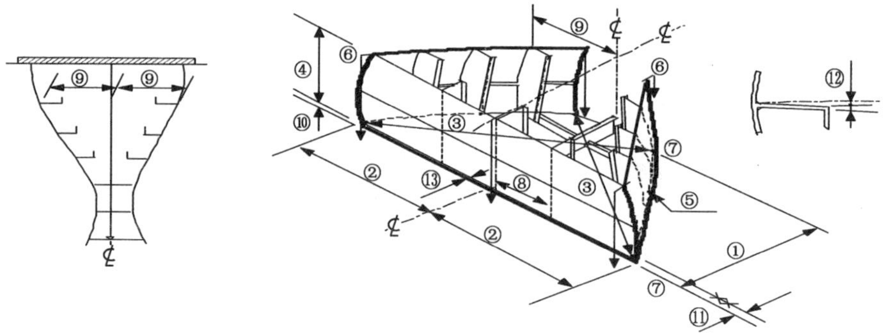

图 5 -7　艏部分段检测基准图

检测项目:

①整个艏部分段的测量方法与船尾及机舱分段、船中央部位分段的测量方法相同;

②为测量船首对接部弯曲值的偏差,从全船中心线处垂下线锤测量左、右舷,每个纵通材及纵桁梁的半幅尺寸。

任务三　总段装配质量要求

一、精度考核项目的评分基准

1. 胎架

①胎架制作完成后要向精度管理专员报验,精度管理员对其平整度、刚性、间距加以复

查，同时胎架必须有相关的水平检验线、中心线和肋骨检验线，对于重复利用的胎架，须在水平检验线上敲上洋冲。

②通用胎架要定期对其平整度进行核查，胎架面要用激光经纬仪或水平仪勘测平面，保证其水平度。

③曲面胎架线型、地线作业结束后必须报验，合格后才能进行主板作业。

④胎架铺板后要求与胎架面固定，严禁不固定或只固定四周就进行装配、施焊。

2. 画线及基准线施工

①画线要保证其外观尺寸和对角线在理论数据范围内，同时须有相关的检验线，用以保证其直线度和坡口的尺寸，并确认主板的尺寸。

②必须进行基准线施工（100/150MK），对于合龙时的肋检线等须敲上洋冲。

③弹线不宜过粗、过长，对于较粗的画线要及时修改。

④画线结束后由施工队提出报验，精度管理人员对其尺寸进行复核，使其在理论允许的误差范围内；并做好数据记录，以积累焊接收缩数据。

⑤画线验收合格并签字后进入下一道工序。

3. 焊前检查（“B”精度）

①生产部门各班组根据工作情况进行自主检查并填写精度表后，填写“分段精度检测申请表”（表5－1），申请“B”检查。

表5－1　分段精度检测申请表

申请日期：　　年　　月　　日

申请班组		申请检查日期		精度确认	
联系方式		班组长		主管	
是否实施自主检查	□是/□否	实施者签名			

精度检查申请项目

NO	BLOCE NO.	胎架	主板对接	“B”精度	“C”精度	“D”精度	F. H	位置	备注
1									
2									
3									
4									
5									

备注事项：

②精度管理人员按照“分段精度检测申请表”的时间，根据“精度管理基准书”和“精度检查表”的要求对分段进行“B”（焊接以前）精度检查（包括尺寸、水平度、垂直度、反变形（为焊接）等），检查合格后填写“精度检查表”并通知现场作业人员进行下一道程序，检查不合格则通知各班组进行修正，修正后再由精度管理人员进行复检。

4. 焊后检查（“C”精度）

①生产部门各班组根据工作情况进行自主检查填写精度表后，并填写“分段精度检测申请表”申请“C”（焊接以后）精度检查。

②精度管理人员按照“分段精度检测申请表”的时间，根据“精度管理基准书”和“精度检查表”的要求对分段进行“C”（焊接以后）精度检查（包括尺寸、水平、垂直度、反变形（为烤火做准备）等），检查合格后填写“精度检查表”并通知现场作业人员进入下一道程序，检查不合格通知各班组进行修正，修正完后再由精度管理人员进行复验。

5. 背面火工

①生产部门按照生产工序对 BLOCK 进行烤火处理，以减小变形和消除焊接应力，自主检查后填写“分段精度检测申请表”，申请“D”（烤火）精度检查。

②精度管理人员暂定为公司的精度基准和“精度检查表”的要求对分段进行尺寸、水平、变形、切割余量等进行管理，检查合格后填写“精度检查表”并通知现场作业人员进入下一道程序。如检查不合格则立即通知各班组进行修正，修正完后再由精度管理人员进行复验。

二、精度管理部门考核基准

精度管理部门考核基准见表 5 – 2。

表 5 – 2　精度管理部门考核基准表　　单位：mm

序号	区域	管理项目	图示	检查位置	管理基准	极限范围
1	总段制造	PIN-JIG管理	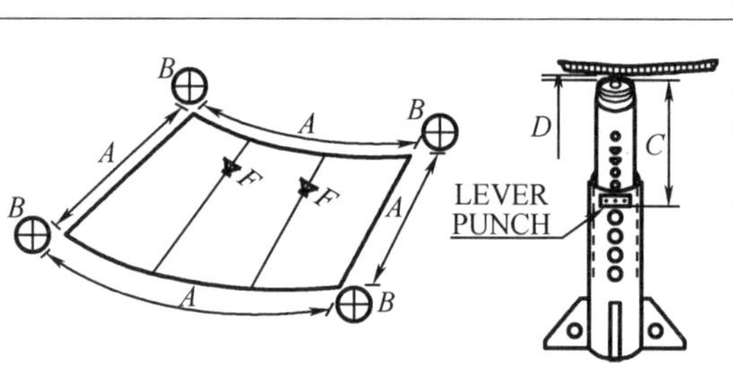	长、宽 A	±3	±4
				坐标	4 mm以内	6 mm以内
				胎架高度	±3	±4
				胎架与外板间隙	4 mm以内	6 mm以内

表 5 – 2(续 1)

序号	区域	管理项目	图示	检查位置	管理基准	极限范围
2		船尾部	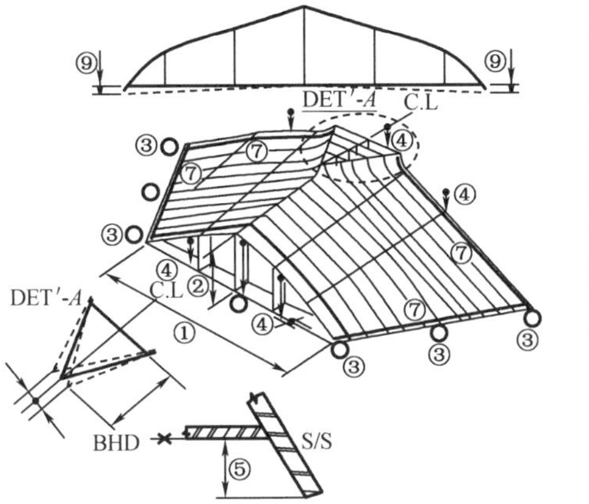	长(实长)①	±3	±6
				宽(高)②	±3	±5
				LEVEL③	±4	±6
				垂直度④	±4	±6
				GIRTH LENGTH	±3	±5
				CENTER LINE	±2	±4
				端部背烧⑦	0～3	0～6
				受力变形		3/1 000 mm
3	总段制造	艉轴部	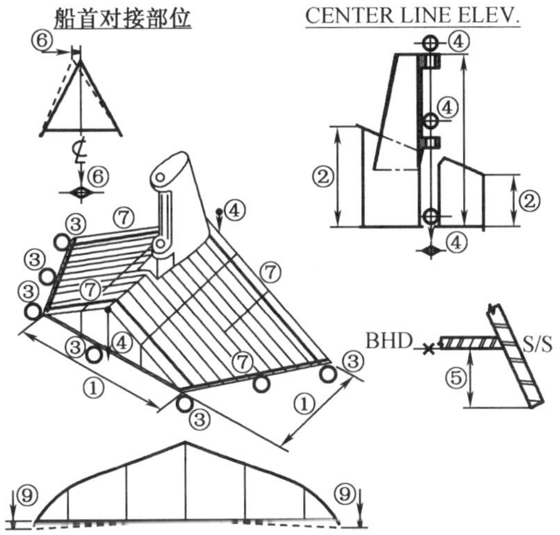	长(实长)①	±3	±6
				宽(高)②	±3	±5
				LEVEL③	±4	±6
				垂直度④	±4	±6
				GIRTH LENGTH	±3	±5
				CENTER LINE	±2	±4
				端部背烧⑦	0～3	0～6
				受力变形		3/1 000 mm
4		舷侧部	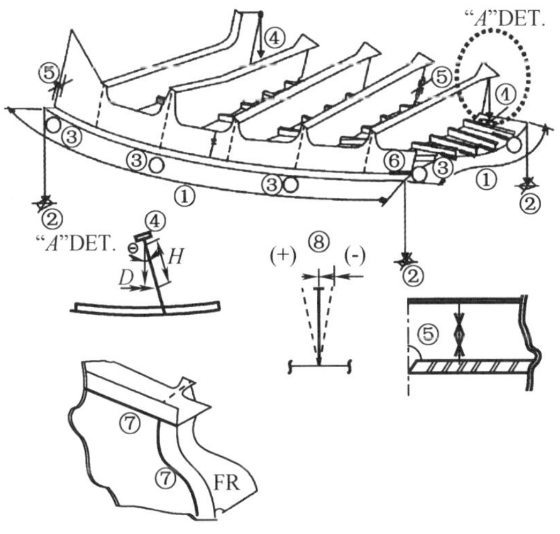	长(实长)①	±3	±6
				宽(高)②	±3	±5
				LEVEL③	±4	±6
				垂直度④	±4	±6
				端差⑤	±3	±5
				焊接保留⑥	标准	
				端部背烧⑦	0～3	0～6
				纵向角度⑧	±4	±6

表 5 - 2(续 2)

<table>
<tr><th>序号</th><th>区域</th><th>管理项目</th><th>图示</th><th>检查位置</th><th>管理基准</th><th>极限范围</th></tr>
<tr><td rowspan="8">5</td><td rowspan="25">总段制造</td><td rowspan="8"></td><td rowspan="8">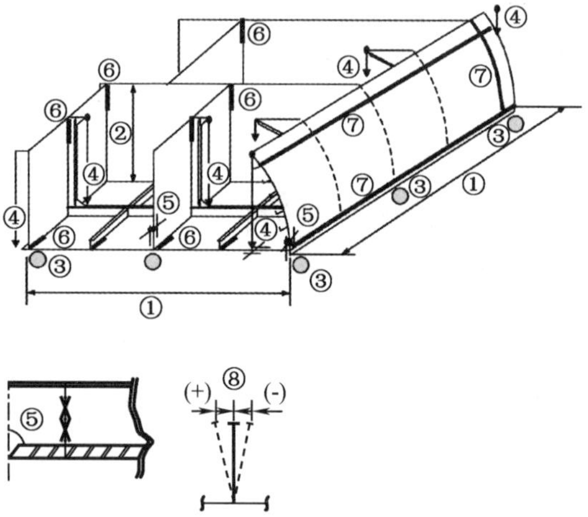</td><td>长(实长)①</td><td>±3</td><td>±6</td></tr>
<tr><td>宽(高)②</td><td>±3</td><td>±5</td></tr>
<tr><td>LEVEL③</td><td>±4</td><td>±6</td></tr>
<tr><td>垂直度④</td><td>±4</td><td>±6</td></tr>
<tr><td>GIRTH LENGTH</td><td>±3</td><td>±5</td></tr>
<tr><td>CENTER LINE</td><td>±2</td><td>±4</td></tr>
<tr><td>端部背烧⑦</td><td>0 ~ 3</td><td>0 ~ 6</td></tr>
<tr><td>受力变形</td><td>3/1 000 mm</td><td></td></tr>
<tr><td rowspan="8">6</td><td rowspan="8">中间船底部</td><td rowspan="8">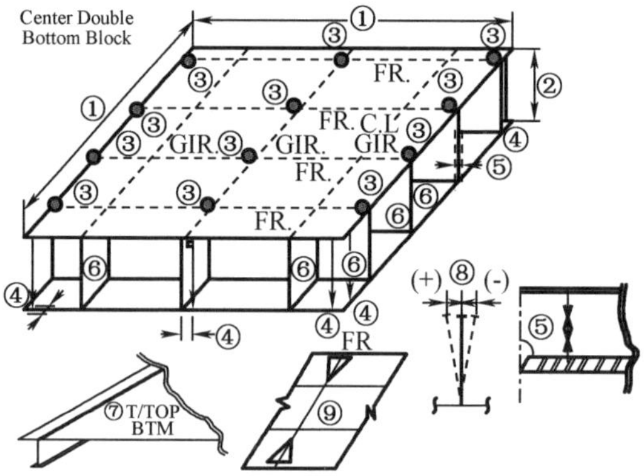
</td><td>长(实长)①</td><td>±3</td><td>±6</td></tr>
<tr><td>宽(高)②</td><td>±3</td><td>±5</td></tr>
<tr><td>LEVEL③</td><td>±4</td><td>±6</td></tr>
<tr><td>垂直度④</td><td>±4</td><td>±6</td></tr>
<tr><td>端差⑤</td><td>±3</td><td>±5</td></tr>
<tr><td>焊接保留⑥</td><td>标准</td><td></td></tr>
<tr><td>端部背烧⑦</td><td>0 ~ 3</td><td>0 ~ 6</td></tr>
<tr><td>纵向角度⑧</td><td>±4</td><td>±6</td></tr>
<tr><td rowspan="8">7</td><td rowspan="8"></td><td rowspan="8">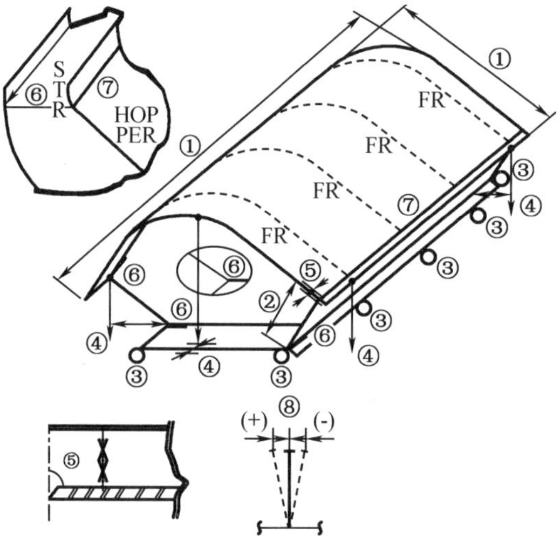
</td><td>长(实长)①</td><td>±3</td><td>±6</td></tr>
<tr><td>宽(高)②</td><td>±3</td><td>±5</td></tr>
<tr><td>LEVEL③</td><td>±4</td><td>±6</td></tr>
<tr><td>垂直度④</td><td>±4</td><td>±6</td></tr>
<tr><td>端差⑤</td><td>±3</td><td>±5</td></tr>
<tr><td>焊接保留⑥</td><td>标准</td><td></td></tr>
<tr><td>端部背烧⑦</td><td>0 ~ 3</td><td>0 ~ 5</td></tr>
<tr><td>纵向角度⑧</td><td>±4</td><td>±6</td></tr>
</table>

表 5－2(续 3)

<table>
<tr><th>序号</th><th>区域</th><th>管理项目</th><th>图示</th><th>检查位置</th><th>管理基准</th><th>极限范围</th></tr>
<tr><td rowspan="8">8</td><td rowspan="24">总段制造</td><td rowspan="8">船首部</td><td rowspan="8">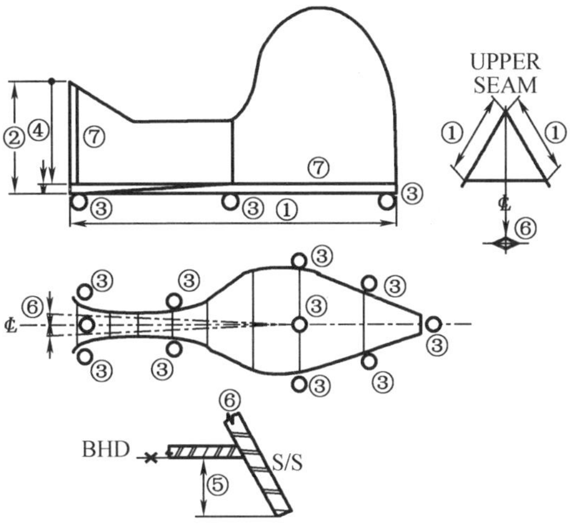</td><td>长(实长)①</td><td>±3</td><td>±6</td></tr>
<tr><td>宽(高)②</td><td>±3</td><td>±5</td></tr>
<tr><td>LEVEL③</td><td>±4</td><td>±6</td></tr>
<tr><td>垂直度④</td><td>±4</td><td>±6</td></tr>
<tr><td>GIRTH LENGTH</td><td>±3</td><td>±5</td></tr>
<tr><td>CENTER LINE</td><td>±2</td><td>±4</td></tr>
<tr><td>端部背烧⑦</td><td>0～3</td><td>0～5</td></tr>
<tr><td>受力变形</td><td>7/1 000 mm</td><td></td></tr>
<tr><td rowspan="16">9</td><td rowspan="16">机舱部</td><td rowspan="8">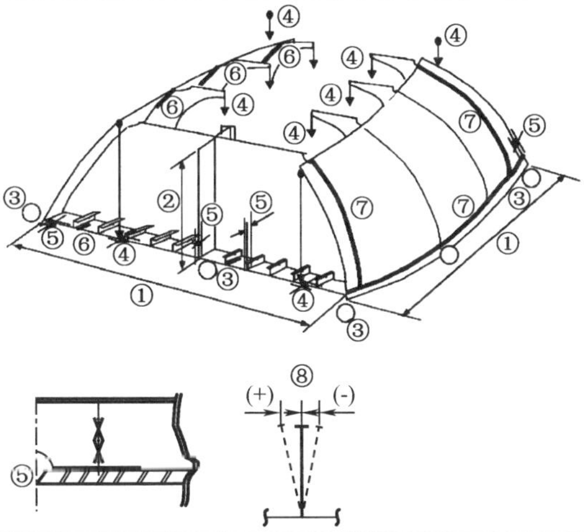</td><td>长(实长)①</td><td>±3</td><td>±6</td></tr>
<tr><td>宽(高)②</td><td>±3</td><td>±5</td></tr>
<tr><td>LEVEL③</td><td>±4</td><td>±6</td></tr>
<tr><td>垂直度④</td><td>±4</td><td>±6</td></tr>
<tr><td>端差⑤</td><td>±3</td><td>±5</td></tr>
<tr><td>焊接保留⑥</td><td>标准</td><td></td></tr>
<tr><td>端部背烧⑦</td><td>0～3</td><td>0～5</td></tr>
<tr><td>纵向角度⑧</td><td>±4</td><td>±6</td></tr>
<tr><td rowspan="8">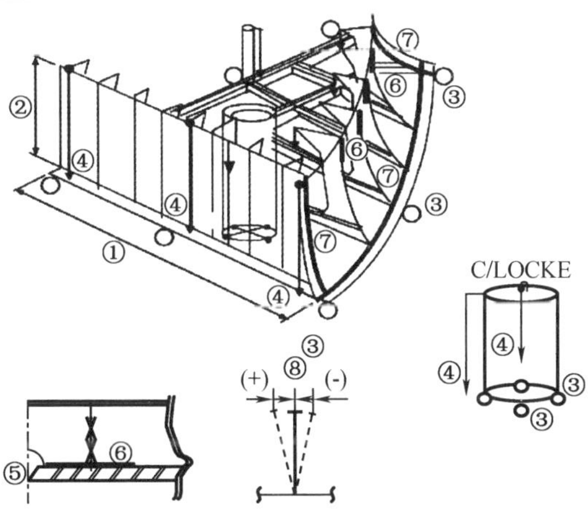</td><td>长(实长)①</td><td>±3</td><td>±6</td></tr>
<tr><td>宽(高)②</td><td>±3</td><td>±4</td></tr>
<tr><td>LEVEL③</td><td>±4</td><td>±6</td></tr>
<tr><td>垂直度④</td><td>±4</td><td>±6</td></tr>
<tr><td>端差⑤</td><td>±3</td><td>±5</td></tr>
<tr><td>焊接保留⑥</td><td>标准</td><td></td></tr>
<tr><td>端部背烧⑦</td><td>0～3</td><td>0～5</td></tr>
<tr><td>纵向角度⑧</td><td>±4</td><td>±6</td></tr>
</table>

表 5－2(续 4)

序号	区域	管理项目	图示	检查位置	管理基准	极限范围
10	船坞	艉轴部	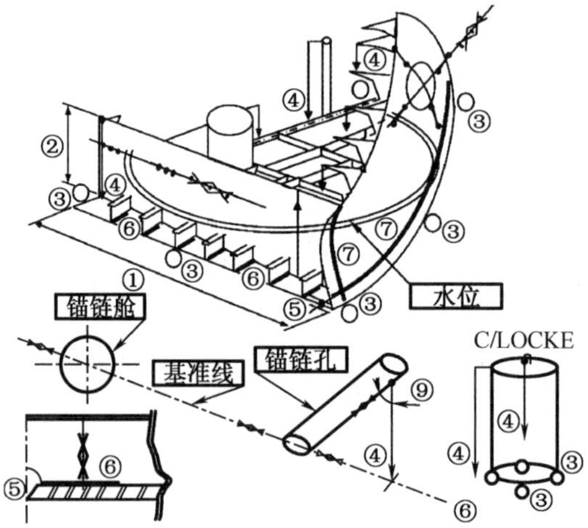	长(实长)①	±3	±6
				宽(高)②	±3	±5
				LEVEL③	±4	±6
				垂直度④	±4	±6
				端差⑤	±3	±5
				焊接保留⑥	标准	
				端部背烧⑦	0～3	0～5
				纵向角度⑧	±4	±6
11		合龙	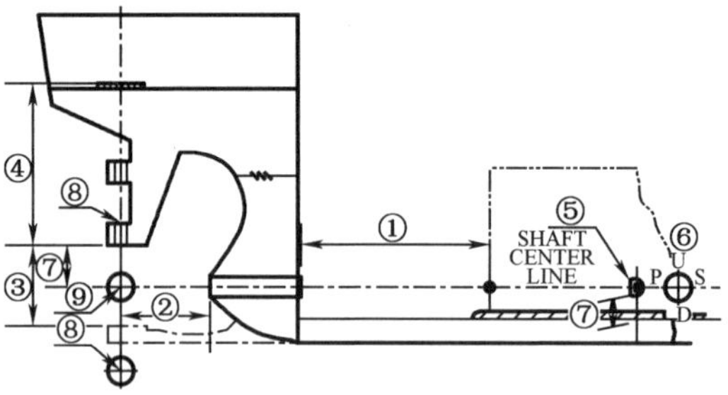	轴长①	±4	±6
				BOSS END－RUDDER②	±4	±6
				SHOPE PIECE－UPPER GUDGEON 距离③	±4	±6
				UPPER GUDEON－DK. STTERING PLATE 上面高度④	±3	±5
				SHAFT C. L LEVEL⑤	±1	±2
				SHAFT C. L 移动(左、右)⑥	±3	±5
				SHAFT C. L 高度⑦	±4	±6
				移动 DK. 上的 LOW UPP. GUDGEON (包括 SHOPE PIECE)⑧	±4	±6
				GUDGEON C. L 与 SHAFT C. L 重合合误差⑨	±4	±6
12			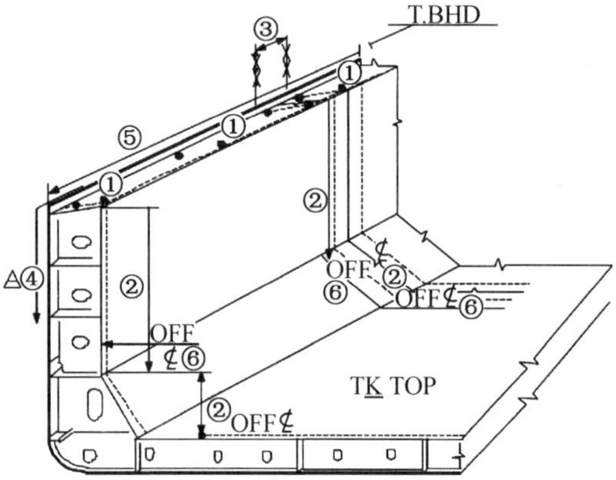	LEVEL①	±5	±8
				高度②	±5	±8
				CONT. L SPACE③	±5	±8
				垂直度④	±5	±8
				长度	±5	±8
				宽度	±5	±8
				高度②	±5	±8
				CENTER LINE 移动③	±5	±8
				CONT. L SPACE④	±5	±8
				垂直度⑤	±5	±8
				长度⑥	±5	±8
				宽度⑦	±5	±8

任务四　总段装配完工精度数据分析与管理

一、数据反馈和管理

(1)定位段水平检测。施工人员自检、互检,填写“总段检测记录表”向精度管理员提请定位段数据报验。

(2)数据检测。后续分段定位由施工人员自检、互检,继续填写“总段定位检测记录表”,报精度管理办公室确认,整个总组段定位完工后,经施工单位自检、互检合格后填写报验单至精度管理员处提请数据报验。精度管理员使用全站仪专检并出总段三维数据单(表5-3)。

(3)总段完工、合龙开工前,精度管理员根据完工三维数据进行模拟搭载。模拟搭载数据单形成后,精度管理办公室做出判定并拿出修正方案,以保证船坞内无修割。所有修正工作由船坞区生产领导落实,精度管理办公室监督。

(4)总段完工后,由精度管理办公室对单船总段数据进行统筹和统计,输出以下数据、图表和说明:

①对全船总段进行类型划分;

②各个技术参数实测数据与理论数据误差“点”型分布图及说明;

③焊接收缩量分布图及平均值。

在以上基础统计的前提下,精度管理办公室召集计划部、船加部、总装部及船研所等有关人员对统筹和统计结果进行系统性分析,输出以下数据、图表和说明:

①上述统筹、统计和基本分析的科学性;

②在施工过程中是否有非常规事故发生而影响统计和分析结论;

③设计中是否存在因工艺设计而导致数据非标准偏差;

④工艺改进和工程管理改善的意见;

⑤其他。

以上统筹、统计和分析应由精度管理办公室形成书面材料,同时提交船研所、计划部、船加部、总装部等部门,作为优化设计和管理的基础,该材料连同“总段三维数据单”(表5-3)由质管部归档,原则下永久保存。

表 5－3　总段三维数据单　　单位：mm

LOGO	总段三维数据单	船号	5300 – YB01
		检查时间	

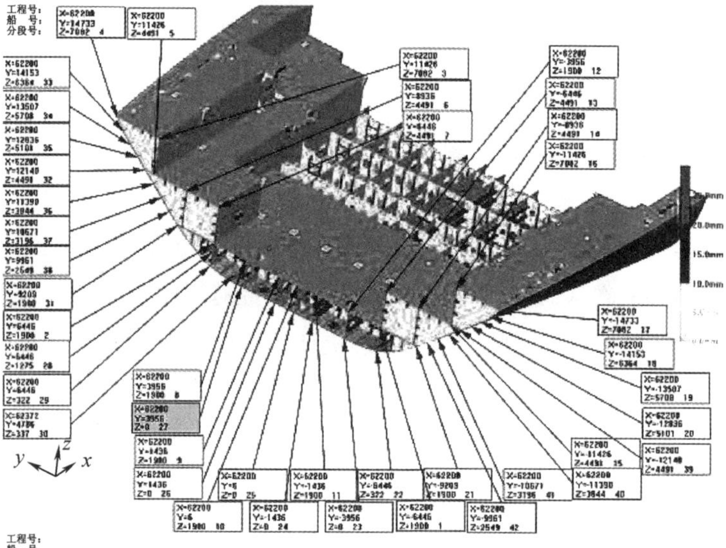

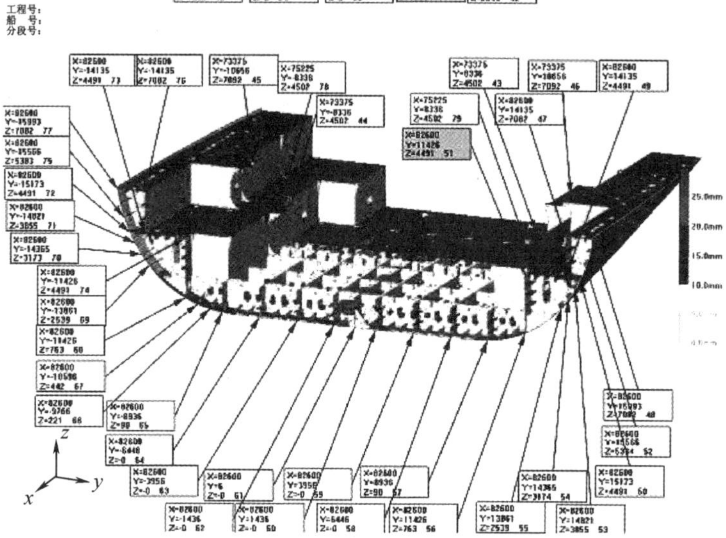

问题点	原因	对策	备注

项目	水平/ ±6	尺寸/ ±5	垂直度/ ±5	销差/ ±5	合计	施工单位	
检查数						测量者	
检查数						测量者	
不良数						批准人	
不良率							

二、记录和表式

1. 总段定位检测记录表(表 5－4)

表 5－4　总段定位检测记录表

<table>
<tr><td colspan="2">船号:</td><td colspan="36">总段:</td><td colspan="36">施工单位:</td><td>自检/互检:</td></tr>
<tr><td>项目</td><td>检测部位</td><td colspan="8">a</td><td colspan="8">b</td><td colspan="8">c</td><td colspan="8">d</td><td colspan="8">e</td><td colspan="8">f</td><td colspan="8">g</td><td colspan="8">h</td><td colspan="8">i</td><td>备注</td></tr>
<tr><td rowspan="2">定位段水平</td><td>自检</td><td colspan="8"></td><td colspan="8"></td><td colspan="8"></td><td colspan="8"></td><td colspan="8"></td><td colspan="8"></td><td colspan="8"></td><td colspan="8"></td><td colspan="8"></td><td rowspan="2"></td></tr>
<tr><td>专检</td><td colspan="8"></td><td colspan="8"></td><td colspan="8"></td><td colspan="8"></td><td colspan="8"></td><td colspan="8"></td><td colspan="8"></td><td colspan="8"></td><td colspan="8"></td></tr>
<tr><td rowspan="4">横隔壁</td><td>项目</td><td colspan="16">中心线</td><td colspan="16">左舷高度</td><td colspan="16">右舷高度</td><td colspan="24">垂直度</td><td rowspan="4"></td></tr>
<tr><td>自检</td><td colspan="16"></td><td colspan="16"></td><td colspan="16"></td><td colspan="24"></td></tr>
<tr><td>精度管理办公室</td><td colspan="16"></td><td colspan="16"></td><td colspan="16"></td><td colspan="24"></td></tr>
<tr><td>质管部</td><td colspan="16"></td><td colspan="16"></td><td colspan="16"></td><td colspan="24"></td></tr>
<tr><td rowspan="5">分段</td><td>项目</td><td colspan="36">型宽</td><td colspan="36">型深</td><td></td></tr>
<tr><td>部位</td><td colspan="9">左艏</td><td colspan="9">左艉</td><td colspan="9">右艏</td><td colspan="9">右艉</td><td colspan="9">左艏</td><td colspan="9">左艉</td><td colspan="9">右艏</td><td colspan="9">右艉</td><td rowspan="4"></td></tr>
<tr><td>自检</td><td colspan="9"></td><td colspan="9"></td><td colspan="9"></td><td colspan="9"></td><td colspan="9"></td><td colspan="9"></td><td colspan="9"></td><td colspan="9"></td></tr>
<tr><td>精度管理办公室</td><td colspan="9"></td><td colspan="9"></td><td colspan="9"></td><td colspan="9"></td><td colspan="9"></td><td colspan="9"></td><td colspan="9"></td><td colspan="9"></td></tr>
<tr><td>质管部</td><td colspan="9"></td><td colspan="9"></td><td colspan="9"></td><td colspan="9"></td><td colspan="9"></td><td colspan="9"></td><td colspan="9"></td><td colspan="9"></td></tr>
<tr><td rowspan="5">总段</td><td>项目</td><td colspan="36">型宽</td><td colspan="36">型深</td><td></td></tr>
<tr><td>部位</td><td colspan="9">左艏</td><td colspan="9">左艉</td><td colspan="9">右艏</td><td colspan="9">右艉</td><td colspan="9">左艏</td><td colspan="9">左艉</td><td colspan="9">右艏</td><td colspan="9">右艉</td><td rowspan="4"></td></tr>
<tr><td>自检</td><td colspan="9"></td><td colspan="9"></td><td colspan="9"></td><td colspan="9"></td><td colspan="9"></td><td colspan="9"></td><td colspan="9"></td><td colspan="9"></td></tr>
<tr><td>精度管理办公室</td><td colspan="9"></td><td colspan="9"></td><td colspan="9"></td><td colspan="9"></td><td colspan="9"></td><td colspan="9"></td><td colspan="9"></td><td colspan="9"></td></tr>
<tr><td>质管部</td><td colspan="9"></td><td colspan="9"></td><td colspan="9"></td><td colspan="9"></td><td colspan="9"></td><td colspan="9"></td><td colspan="9"></td><td colspan="9"></td></tr>
<tr><td colspan="20">精度管理办公室:</td><td colspan="54">质管部:</td><td></td></tr>
</table>

填写“总段定位检测记录表”,交精度管理员确认并签字。

2. 其他段数据检测

施工人员自检、互检,继续填写“总段定位检测检查表”(表 5－4)其他栏,报精度管理办公室确认后,精度管理办公室进行同面度测量并记录,签字后施工人员将该表连同“总段焊前报验单”一起提交质管部进行焊前报验。

项目六　船台(船坞)搭载阶段精度控制

知识目标

1. 掌握船坞画线精度控制基本方法和要求。
2. 掌握布墩精度控制方法。
3. 掌握分段定位检验要求。

能力目标

1. 能按照船坞画线、布墩精度标准进行检验。
2. 能按照分段定位精度标准进行检验。

任务一　船坞画线精度控制

一、概述

船台(船坞)搭载是将分段、总段及零部件进行组装形成主船体的装焊过程。搭载过程中,船舶的尺寸受到吊装、焊接等因素影响较大。为此,每道工序都要严格遵守精度管理规定,严格按照精度标准进行检测,约束合龙产生的较大变形。图 6 - 1 所示为船坞搭载工艺流程图。在分段搭载过程中,首先要进行船坞画线工作,只有保证了画线工作的精确性,才能更好地保证搭载精度;其次是根据船舶质量和支撑形状进行布墩,再按照吊装顺序确定分段位置并进行吊装,确保吊装的精确性。现以 82 000 DWT 船舶岛式建造法合龙工艺为例,介绍船坞画线精度控制要求。

船坞画线检测:由精度管理画线班组负责施工,具体包括假定基线、中心线、半宽线、搭载接缝线,自检、互检合格后填写“报验单”,提交质管部报验。

二、准备工作

①船坞必须清理干净,中心槽钢上原来的标杆及马脚应割除铲平。

②船坞中心槽钢必须平直,并与船坞牢固连接,不能有松动现象。

③船坞中心处测量标杆用角钢 L 100 × 63,每船 14 根,每根长约 1 m。

④船坞舷侧测量标杆用角钢 L 125 × 75,每船 6 根,每根长约 2 m。

⑤不锈钢板 14 块,规格为 100 × 150 × 2。

⑥洋冲、漆笔、细记号笔、激光经纬仪等工具。

⑦两侧坞壁上测量标尺准确可靠。

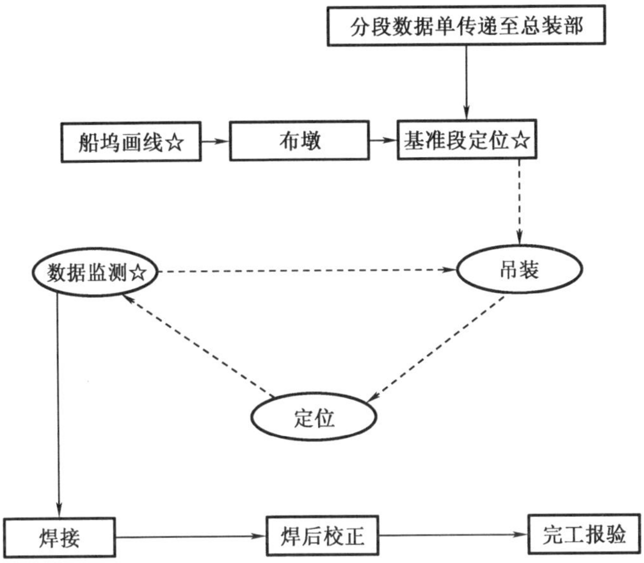

图 6－1　船坞搭载工艺流程图

三、画线工作

①用激光经纬仪在船坞中心槽钢上画出船体中心线。

②在中心线上分别画出定位肋骨检验线。该肋骨检验线必须用一把经过计量校正后的长卷尺勘画,并按校正数据修正长度误差。

③画线时肋距:艉～Fr11 为 750 mm,Fr11～Fr35 为 800 mm,Fr35～Fr251 为 860 mm,Fr251～艏为 750 mm。

④在大接头处焊上不锈钢板,并将定位肋骨检验线、船坞中心线驳到不锈钢板上,并用洋冲打上标记。

⑤在不锈钢板旁垂直于水平面竖立中心测量标杆。

⑥坞底到船底基线高度暂定为 1 800 mm,用激光经纬仪照出船底中心线处基线高度,该基线向下驳 1 000 m 为测量基准线,勘画于中心测量标杆上。

⑦在 FR0、FR110、FR221 肋位处用激光经纬仪开出方线,并做记号。

⑧根据本船半宽 16 130 mm,用激光经纬仪画出半宽线,并做记号。

⑨在 FR0、FR110、FR221 肋位处的两侧坞壁上布置测量标尺。

四、水线测量画线

根据测量标杆(或两侧坞壁设立的标尺)上的各肋位高度值,推算出相应的肋位数值,用水平软管来画出水线、水尺位置,但必须注意船体有无中纵变形,如有,则其变形值应予以修正。

采用全占仪的测量仪器进行水尺画线,操作步骤如下:

①测量船体基线,取其平均值作为水尺水线的绘制基准;

②用"全站测绘仪"分别在艏部、舯部和艉部以平均值为零点向上每隔 200 mm 绘制水尺,直至结束;

③安装水尺字母;

④以艏部、舯部和艉部的水尺为依据用"全站仪"在空挡处绘制间断"延伸线",敲上洋冲标记;

⑤用粉线把上述洋冲标记连接起来便完成了水线的绘制。

五、船坞画线、分段画线定位

船坞画线依据见表 6-1,船体分段画线定位点见表 6-2。

表 6-1 船坞画线精度基准

项目	标准范围	允许极限	备注
中心线	±3.0 mm/100 m	±5.0 mm/100 m	
半宽线	±2.0 mm	±3.0 mm	
搭载接缝线	±2.0 mm	±3.0 mm	

表 6-2 船底分段画线定位点

大接头肋位	FR11+200	FR38+200	FR63-310	FR117+120	FR170+410	FR226+130	FR251-200
总段代号	101	201G	301G	303G	307G	311G	315G
总段定位点	FR7+250	FR19	FR39	FR64	FR118 FR169	FR225	FR250
定位参考点	FR7+250 FR12	FR12 FR39	FR39 FR64	FR64 FR118	FR118 FR169	FR169 FR225	FR225 FR250

六、画线作业要求

1. 画线作业

①画线要保证其外观尺寸和对角线在理论数据范围内,同时须有相关的检验线,用以保证其直线度和坡口的尺寸,并确认主板的尺寸。

②必须进行基准线施工(100MK),对于合龙时的肋检线等须敲上洋冲。

③弹线不宜过粗、过长,对于较粗的画线要及时修改。

④画线结束后必须有精度人员对其尺寸进行复核,使其在理论允许的误差范围内;并记录好数据,以备焊接收缩数据的积累。

⑤当画线完毕检验合格后施工单位方可继续施工。

⑥在结构安装时,施工单位按线进行作业,发现问题要及时反馈,不得隐瞒或自行处理。

2. 控制余量画线精度

①本船货舱区域底部及舷侧分段实施无余量制造,分段的前后两端及纵向接缝不加放余量(仅加放焊接收缩量),施工车间及检验部门应予以足够重视,严格按工艺进行制作,确保分段满足精度要求。

②本船除舱口围和上建总段下口外,全部实行无余量合龙。画线工作是分段建造过程中所有装配工作的基础,因此,控制无余量画线精度是保证分段制作精度和分段合龙顺利进行的前提。

③画线之前,画线人员应仔细研究图纸和有关资料,掌握分段的各种关键尺寸和曲形外板的胎架数据,并根据余量处理方案中的有关规定,考虑各个方向上补偿的加放,在画线时严格控制主要尺寸的精度,保证各主要尺寸的误差在标准公差要求的范围之内。

④所有分段的画线工作均须有自检和互检,检验合格后方可装配构件。检验员在验收时除了结构线外,还应控制余量加放值和余量处理方案规定的网络线和检查线,以便及时发现漏做的线。

任务二　布墩精度控制

布墩检测:船坞布墩由精度管理画线班组负责画线,总装部负责施工,精度管理办公室负责监督。

熟悉船体底部结构图和船台布墩图及有关施工工艺要领,在船台基面勘画出船台中心线和假定中心线、水底段大接头位置线和区域基准分段肋检线、所有布墩位置线,在船体外形轮廓线的外侧艏、舯、艉两侧适当位置设置永久性标杆（可以借助于坞墙），将所确定的基线高度位置线用激光经纬仪勘画于其上，反复校核无误后，根据船底板厚情况，将几种主要的板厚差以基线向下量取勘画，并用洋冲或漆线记号，且附文字说明。

检查上道工序施工的水底分段，分段水底平整度误差应小于或等于 4 mm 方可接收。

①水底定位分段应对准中心线（误差应小于或等于 2 mm），四角水平误差应小于或等于3 mm，并对称加设斜撑与地龙固定。

设计以船体结构形式、分段划分及大于船舶总质量（包括船体所有结构、设备、设施和施工中所需的所有辅助性设备、设施在内的质量）一定系数的估算吨位为依据，绘制船台布墩图。船台布墩应考虑结构形式，布墩应避开舱室放泄塞、外板标记等位置，对于机舱区域、龙骨和舷侧区域、货舱近艏下水前须压载区域、艏部瘦狭区域均要加密布墩，如图 6－2、图 6－3 所示。

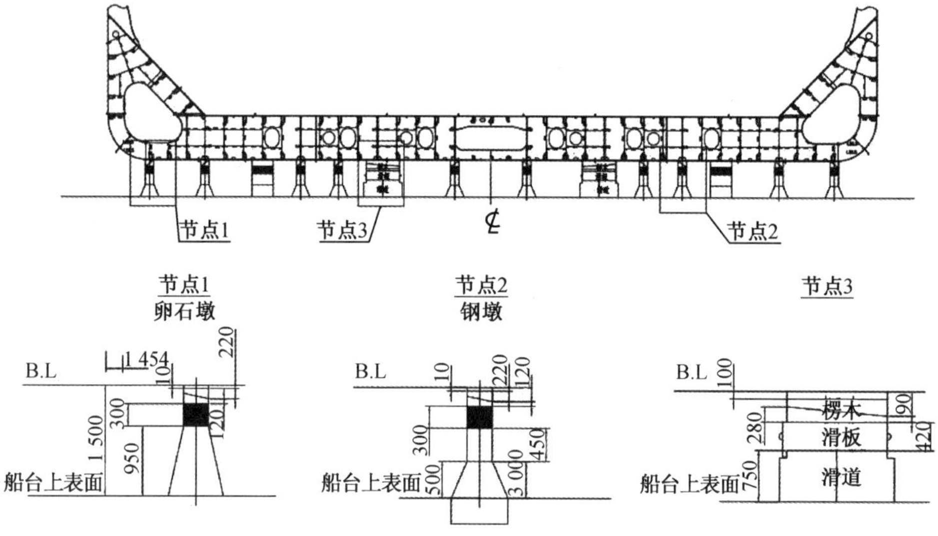

图 6－2　平行中体底部墩木布置

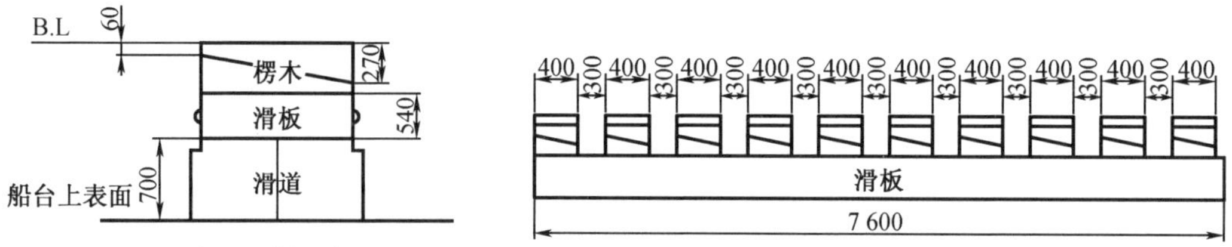

(a)加厚滑板处布置　　(b)滑板上墩木布置

图 6－3　墩木布置局部图

②按布墩图将所有水底相对平直部位的墩子一次性设置完毕。在中心的龙骨位置每隔 5 ~ 10 m 和两舷边适当位置设置一些矮标杆,用激光经纬仪上所确定的基线(含板厚线)分别勘画其上并校核。

③根据原则工艺确定的方案,按型值用激光经纬仪测量并调整船台墩高度的准确性,上口加垫厚度基本一致的硬质木板,墩基要踏实和平稳,上口高度误差应小于或等于 3 mm(考虑如加放反变形量和水底板的板厚差数值),在中心的矮标杆或两侧的永久标杆勘画出龙骨检验线,做好记录经自检报专检验收确认,如图 6 - 4、图 6 - 5 所示。

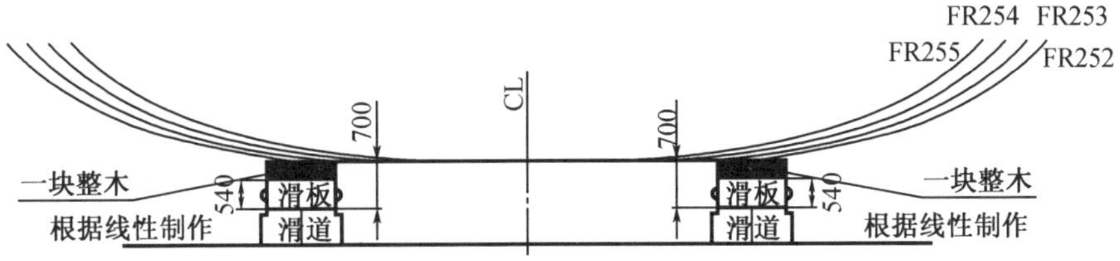

图 6 - 4　艏部线型图墩木布置

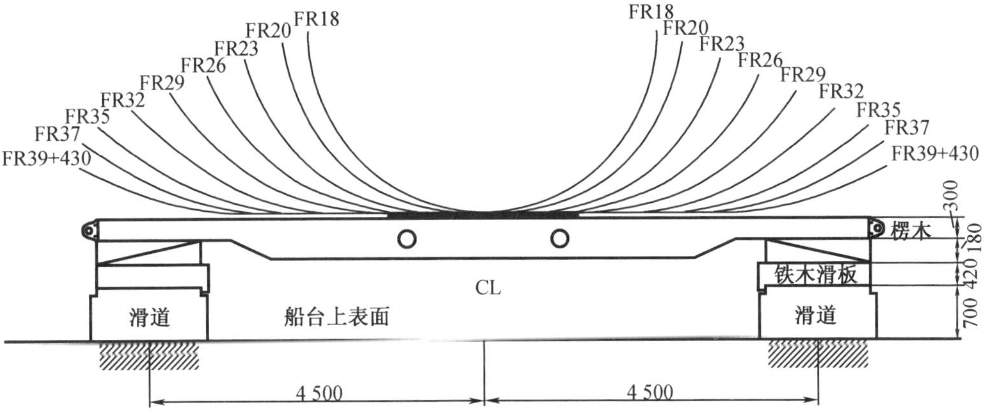

图 6 - 5　艉部线型图墩木布置

任务三　基准段定位精度控制

基准段定位检测:由施工人员按“搭载定位基准”施工,自检、互检合格后填写“搭载定位检测记录表”,通知精度管理员专检。

一、底部分段大合龙

①底部定位分段为307 分段,Fr117 +120 ~ Fr130 -100,定位肋骨检验线 FR125。

②底部定位分段定位时,应首先保证使横向大接头与船台(船坞)中心角尺线完全平行,然后尽量保证外底中心线与船台(船坞)中心线重合,分段定位点要与相应的基准肋位 Fr125 一致,定位高度要保证,并应测量船底四角水平,然后将定位分段用拉条交错固定在船台(船坞)预埋件,左右前后拉平,楔木打紧,复验船底四角水平。

③其他底部分段定位时,一端与先上船台的相邻分段的中心线和高度保持一致,另一自由端中心线与船台中心线一致。定位时应检测和控制定位点的位置,同时控制相邻横舱壁对应的肋板之间的距离。

④每增加一个底部大合龙分段,都要按测量表格的要求检测分段定位点和船底基线的实际状态,并做好记录,以确保底部后续分段的顺利吊装。

⑤允许偏差:

底部分段中心与船台(船坞)中心允许偏差为 ±3 mm;

分段四角水平允许偏差为 ±8 mm;

大接头肋距允许偏差为 ±10 mm。

二、横舱壁分段大合龙

1. 准备

①横舱壁分段吊装前应以船台(船坞)中心线为基准进行内底中心线修正。

②在内底板上开出船体中心线。

③在底部分段接通且分段焊接完毕后才可进行中心线修正工作。

④修正的中心线应以船台(船坞)中心线为基准,用吊线锤或激光经纬仪将船台(船坞)中心线驳到内底板非构架面。

2. 横舱壁定位要点

①前后位置。横舱壁定位时保证舱壁间距,其误差应小于或等于5 mm。舱壁吊装前,在底部分段的横舱壁位置处艏艉设置定位马以防止滑移,保证施工安全;同时应保证横舱壁分段的前后舱壁与底部分段相应的肋板位置保持一致。

②左右水平。四角水平。

③中心位置。下口中心对准船体中心线,调整至左右水平。必须用激光经纬仪复验上口中心线。

④高度。依据主甲板(中心线处甲板理论线距基线20 700 mm)高度定位。横舱壁分段吊装前应测量船底基线下沉情况,包括舱壁处。

⑤垂直度。一道舱壁至少用 5 点位置(中心、左右 6.0 m、左右 12.0 m 处)。

3. 横舱壁分段应在相邻舷侧分段焊接后再焊接,焊接时应注意舱壁中心、左右水平、垂直度有何变化,及时反馈并修正焊接程序。

4. 横舱壁分段焊前焊后应检测相邻横舱壁之间距离,其偏差不得大于 5 mm。

5. 允许偏差

货舱横舱壁中心线对船体中心线允许偏差为 ±3 mm;

垂直度允许偏差≤5 mm;

高度允许偏差为 ±3 mm(尽量不做负公差);

左右水平允许偏差为 ±4 mm;

两横舱壁间距允许偏差为 ±5 mm。

三、舷侧分段大合龙

①定位分段 407P/S。

②舷侧分段定位要点:

a. 使分段定位肋骨线对准底部分段相应的定位肋骨线,同时校验舱口尺度及舱壁的前后尺寸,以此作为前后位置定位的基准;

b. 用水平软管(或激光经纬仪)调整分段上水线的倾斜度,使之与基线相一致;

c. 在分段两端的肋骨线和甲板边线相交处悬吊线锤检验其型宽;

d. 测量其下口余量情况,固定分段以待焊接;

e. 对外倾较大的舷侧分段,定位时应设临时支撑。

③为保证装配精度,应设置保证纵壁距船体中心线尺度的拉撑大梁,分别设于 FR54、FR85、FR145、FR205、FR235 甲板上,共 5 道。

④在对应的横舱壁装配完工后进行舷侧分段的焊接。

⑤允许偏差:

肋位允许偏差为 ±5 mm;

高度允许偏差为 ±5 mm(尽量不做负公差);

纵壁距船体中心线允许偏差为 ±3 mm(尽量不做负公差);

纵壁垂直度允许偏差≤5 mm;

前后水平允许偏差为 ±5 mm;

左右水平允许偏差为 ±3 mm。

四、机舱区域分段大合龙

1. 分段定位要求

①201 +211PS +212PS +221PS +222PS 分段定位时，应严格控制主机座纵桁（面板）中心线，保证定位点的正确，左右舷肋位一致，并保证四角水平。为保证分段定位后的稳定性，不因楞木和其他因素造成分段下沉移位而影响其他分段的定位，应特别注意船底楞木要敲紧，同时加设适当硬支撑以防船底基线下沉。

②其他分段定位时，应保证平台板（主甲板）中心线与底分段中心线一致，控制横向位置以保证分段外板与相邻分段外板接顺，控制平台（主甲板）高度和四角水平。

③242C 分段应待主机等主要机舱设备吊装定位后再合龙。

2. 机舱分段（包括艏艉分段）吊装前应先吊入相应的进舱件，避免开不必要的工艺孔。

3. 允许偏差：

主机座纵桁面板与船台中心线允许偏差为 ±3 mm；

平台和甲板中心线与船台中心线允许偏差为 ±3 mm；

甲板（平台）高度允许偏差为 ±5 mm；

肋位允许偏差为 ±5 mm；

甲板（平台）四角水平允许偏差为 ±8 mm；

大接头肋距允许偏差为 ±10 mm；

主机座纵桁面板四角水平允许偏差为 ±5 mm。

五、艉部分段大合龙

1. 101 分段大合龙

①101 分段吊装前应预先设置楞木。

②101 分段定位应严格控制艉轴中心线的正确。

③分段吊上船台（船坞）前，应在 FR38 舱壁上找出轴中心线投影点，在 FR32 处做好轴中心拉线架子，在 FR −5 处竖立型钢拉线架子，根据船台坡度及艉轴中心线斜度，在此角钢上找出艉轴中心线投影点，按常规在此两处画轴中心线（十字交叉线），绕中心点开出 R10 孔，以备拉轴中心线钢丝。艉轴中心线距基线 3.7 m。

④101 分段按常规基本到位后，进行轴系照光，拉出艉轴中心钢丝，根据此中心钢丝调整后艉轴铸钢件前后两个端面内孔上、下、左、右位置至符合轴系安装要求（见允许偏差数值）；铸钢件后端面理论位置是 FR7 +250。轴系拉线详见轮机“轴系拉线工艺”。

⑤101 分段定位结束后，应在壳板外侧装焊定位马，分段焊接时采用对称焊接，先焊接构架再焊接外板。施焊过程中应随时检测轴孔中心偏差并及时反馈，以便采取妥善的工艺

措施。

⑥允许偏差:

艉轴孔中心线与船台中心线允许偏差为 ±3 mm;

艉轴孔中心线高度允许偏差为 ±3 mm;

前后艉轴孔中心线允许偏差为 ±3 mm;

平台四角水平允许偏差为 ±8 mm;

平台高度允许偏差为 ±5 mm。

2.111PS 分段大合龙

①111PS 分段定位时要保证舵杆中心线与艉轴中心线(拉线钢丝)的相对位置和垂直度,以及舵杆中心线距艉轴铸钢件后端面之间的距离 5 500 mm 和 14700 舵机平台高度。

②111PS 分段定位后应设定位马,焊接时采用对称焊接,先焊构架再焊外板,施焊过程中应经常检测舵承中心偏差,必要时采取矫正措施。

③111PS 分段焊前应提交检验部门验收,焊后复查,并做好检测记录。

④舵承镗孔在定位分段向艉主甲板以下全部分段大合龙并焊接完毕后进行。其他要求见舵承镗孔工艺。

⑤允许偏差:

舵杆中心线与艉轴中心线允许偏差为 ±3 mm;

舵杆中心线距艉轴铸钢件后端面距离允许偏差为 ±5 mm;

14700 舵机平台高度允许偏差为 ±5 mm;

平台四角水平允许偏差为 ±8 mm;

铸钢件上下中心垂直度允许偏差≤3 mm(最外端平面之间);

艉封板(横舱壁)垂直度允许偏差 $<0.1\% h$(h 为艉封板高度)。

六、艏部分段大合龙

①分段定位时设置必要的临时支撑,布置在强肋板(强肋骨)处。

②分段定位时应控制肋位正确,分段中心线(甲板中心线)和船台(船坞)中心线一致,控制各层甲板(平台)的横向水平和高度。力求外板接顺,确保艏柱线型光顺。

③允许偏差:

甲板中心线(分段中心线)与船台中心允许偏差为 ±3 mm;

甲板间高度允许偏差为 ±5 mm;

甲板(平台)四角水平允许偏差为 ±6 mm;

大接头肋距允许偏差为 ±10 mm;

艏端点与船台中心线允许偏差≤10 mm。

七、上层建筑大合龙

①为缩短船台(船坞)合龙周期,提高分段的完整性,本船上层建筑实行中合龙工艺,根据船台起吊能力,采取911 +921 +931 +941 及912 +922 +932 +942 +952 +962 总组方案。分段吊装前应检查封舱件的到位状态。应将桥楼甲板外挡、罗经甲板外挡、所有栏杆及雷达桅预装上。

②所有分段定位时应控制肋位正确,甲板四角水平及层高符合要求,甲板中心线对齐。甲板层高要求为正公差5 ~8 mm。

③允许偏差:

中心线允许偏差为 ±3 mm;

上下层壁板构件错位允许偏差为 $t/3$(t 为较薄板厚度);

四角水平允许偏差为 ±8 mm;

层高允许偏差为 +8 mm。

八、其他

①轴系照光由机装实施,船体配合。

②各类油柜、基座、系泊装置、梯子、水尺等按图纸要求和常规实施,各类封舱件应在分段吊装前吊装到位。

③舱口围安装时应和上层甲板下结构对准,特别应注意跨越两个分段的舱口围,应测量大接头处肋距,并对舱口围相关肋位处肘板做必要修正。

舱口围开口尺寸(长、宽、对角线)公差要求:

NO.1 舱长14.08 m ±11 mm,宽13.8 m ±11 mm,对角线差 ±20 mm(对角线19.787 m)。

NO.2 ~NO.7 舱长15.84 m ±13 mm,宽15.0 m ±17 mm,对角线差 ±22 mm(对角线21.815 m)。

舱口围侧板直线度要求:每3 m 长度范围内小于4 mm。

九、其他总段/分段定位数据检测

由施工人员按“搭载定位基准”施工,自检、互检合格后填写“搭载定位检测记录表”,通知精度管理员专检。

任务四　大合龙精度数据分析与管理

一、大合龙测量

①分段定位安装后的交货测量,根据常规制定“大合龙测量表格”实施。

②船底基线挠度的测量,按“船底中心线挠度测量记录表”实施,其测量时间和要求如下:

a. 底部每增一只分段,都应对已上船台的所有底部分段进行复查;

b. 内底修改中心线前;

c. 舱壁或舷侧分段定位时,测定相应的分段基线;

d. 密试前测量;

e. 密试后测量;

f. 拉轴线前;

g. 画水尺前。

船体外底中心线挠度测量应经常性定期实施,并认真做好测量记录,测量点位于分段大合龙前后肋位。

③完工测量:测量总长、型宽、型深、船体基线挠度;测量工作尽可能在早晚或阴天进行。

二、技术文件和技术参数

搭载定位精度基准见表6－4。

表6－4　搭载定位精度基准　　单位:mm

项目		标准范围	允许极限	备注
中心线	双层底分段与船台	≤3.0	≤3.0	
	甲板、平台、横舱壁与双层底	≤5.0	≤5.0	
	艏艉端点与船台	$<0.1\%h$	$<0.15\%h$	h 为艏艉端点处高度
	上层建筑与甲板	≤4.0	≤5.0	
	上舵承中心线与船台中心线	≤4.0	≤5.0	
	艉轴孔中心与船台中心线	≤4.0	≤5.0	

表6-4(续)

项目		标准范围	允许极限	备注
水平度	底部、平台、甲板四角水平	±4.0	±5.0	
	舱壁左右(前后)水平	±4.0	±5.0	
	舷侧分段前后水平	±3.0	±5.0	
	上层建筑四角水平	±6.0	±8.0	
定位高度	舱壁	±3.0	±5.0	
	舷侧分段	±3.0	±5.0	
	上层建筑	+6.0	+8.0	
分段接缝处肋距		±5.0	±5.0	
舱壁垂直度		$<0.1\%h$ 且 <10.0	$<0.12\%h$ 且 <12.0	h 为舱壁高度

三、数据反馈和管理

全船搭载完工后,由精度管理办公室对单船搭载数据进行统筹和统计,输出以下数据、图表和说明:

①对全船搭载进行区域划分,划分为艏部区域、货舱区域、机舱区域、艉部区域、上建区域和舱口围;

②各个技术参数实测数据与理论数据误差“点”型分布图及说明;

③焊接收缩量分布图及平均值。

在以上基础统计的前提下,精度管理办公室召集计划部、船加部、总装部及船研所有关人员对统筹和统计结果进行系统性分析,输出以下数据、图表和说明:

①上述统筹、统计和基本分析的科学性;

②在施工过程中是否有非常规事故发生而影响统计和分析结论;

③设计中是否存在因工艺设计而导致数据非标准偏差;

④工艺改进和工程管理改善的意见;

⑤其他。

以上统筹、统计和分析应由精度管理办公室形成书面材料,同时提交船研所、计划部、船加部、总装部等部门,作为优化设计和管理的基础,该材料连同“搭载定位检测记录表”由质管部归档,原则下永久保存。

四、记录和表式

“搭载定位检测记录表:舱口围”见表6-5。“搭载定位检测记录表”见表6-6。

表 6－5　搭载定位检测记录表:舱口围

船号：　　　　　　　　舱口：　　　　　　　施工单位：

项目	部位	1	2	3	4	5	6	7	8	9
水平度	前壁									
	后壁									
	左舷									
	右舷									
直线度	前壁									
	后壁									
	左舷									
	右舷									
主尺度	长度				自检/日期：			互检/日期：		
	宽度									
	对角线									

表 6－6　搭载定位检测记录表

船号：　　　　　　　　总段：　　　　　　　施工单位：

项目	部位	左艏		右艏		左艉		右艉	
甲板/平台水平	自检								
	精度管理办公室								
	质管部								
中心线	部位	艏				艉			
	自检								
	精度管理办公室								
	质管部								
主尺度	项目	宽度				高度			
	部位	左艏	左艉	右艏	右艉	左艏	左艉	右艏	右艉
	自检								
	精度管理办公室								
	质管部								
同面度	部位	左艏上	左艏下	右艏上	右艏下	左艉上	左艉下	右艉上	右艉下
	自检								
	精度管理办公室								
	质管部								
自检/日期：					互检/日期：				
精度管理办公室：					质管部：				

施工人员按“搭载定位基准”施工，自检、互检合格后填写该表，交精度管理办公室签字确认，施工人员将报验单连同该表一同提交质管部进行焊前报验，报验合格后方可施焊。

五、完工测量

船体建造完工后，为了解船体变形情况，并针对变形情况采取必要措施，以防变形继续扩大，同时得出船体主尺度的完工数据，在下水前需对船体的主尺度进行测量。测量的内容有船长（包括总长 L_{OA} 与垂线间长 L_{PP}）、型深 D、型宽 B、船底纵向挠曲度、艏艉端高度（包括艏艉端舷墙高及上甲板艏艉端高）与艏艉柱中心线等，见表 6－7。

表 6－7　船体主尺度测量图表

项目	总长 L_{OA}	垂线间长 L_{PP}	型宽 B	型深 D	艏端点高度	艉端点高度
理论值/m						
实测值/m						

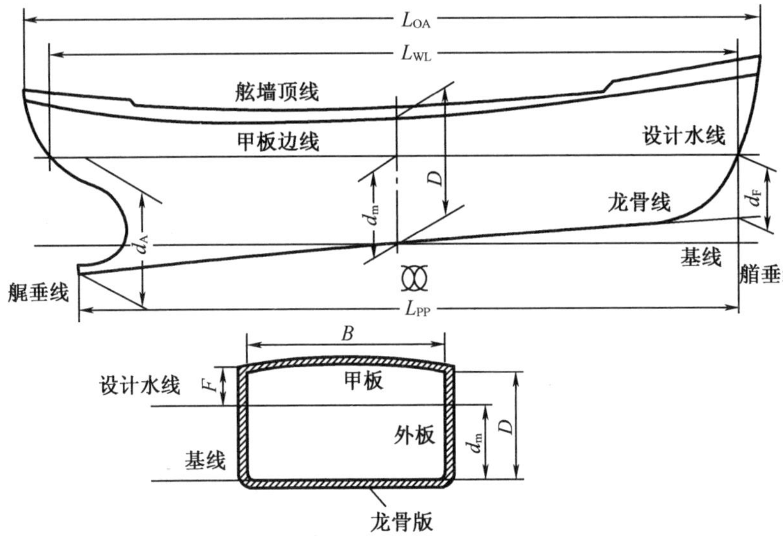

1. 船体长度的测量

一般测量船体总长（L_{OA}）与垂线间长（L_{PP}）。现以测量船体总长为例加以说明。

(1) 用线锤及卷尺测量

在艉端吊线锤，在船台中心线上得 A'；在艏端吊线锤，在船台中心线上得 B'；C、D 为船台船长画线的艉止点和艏止点。分别测量 A'、B' 和 C、D 的距离，得 $A'C$ 和 $B'D$（图 6－6）。

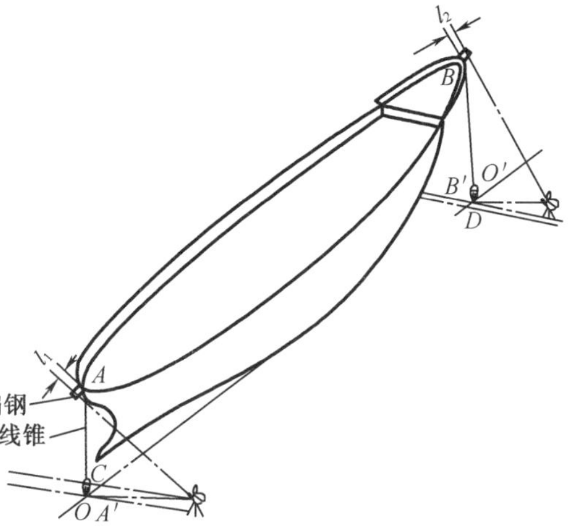

图 6－6　船体长度的测量

(2)用激光经纬仪测量

在水平船台中心线上,超出主船体艉端点和艏端点位置线一定距离,分别取点 O 与 O'。通过 O、O'两点分别作船台中心线的垂线。将激光经纬仪分别置于该垂线上,对中,整平,发射激光束,使视准轴对准该垂线。在船体艏艉端点处焊一扁钢,垂直方向调整望远镜,使光束射在该扁钢上。分别测量扁钢上的光点到艉艏端点的距离 l_1、l_2,则船体总长为

$$L_{OA} = OO' - (l_1 + l_2) - (\delta_1 + \delta_2)$$

式中　δ_1——艏舷墙钢板厚度;

δ_2——艉封板钢板厚度。

(3)在倾斜船台上船体总长的测量

在倾斜船台上,用线锤法测量的长度测算船体总长,还应考虑艏艉端高度差与船台坡度(图 6－7)。实际船体总长为

$$L_{OA} = A''B'' - (\delta_1 + \delta_2)$$

$$A''B'' = A'B' + B'B'' - A'A''$$

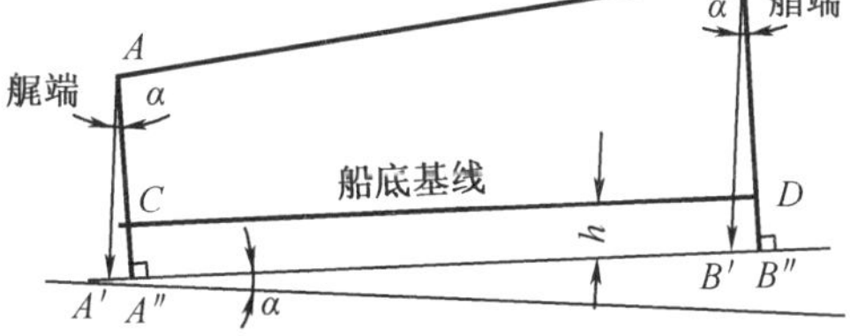

图 6－7　在倾斜船台上船体长度的测量

而

$$A'A'' = (AC + h)\tan\alpha$$

$$B'B'' = (BD + h)\tan\alpha$$

则

$$A''B'' = A'B' + (BD + h - AC - h)\tan\alpha$$

所以

$$L_{OA} = A'B' + (BD - AC)\tan\alpha - (\delta_1 - \delta_2)$$

式中　h——船底基线至船台面的垂直距离；

$(BD - AC)$——艏艉端高度差。

2. 船体型宽的测量

船体型宽的测量不受船台倾斜度的影响，测量方法有以下三种。

(1)用卷尺直接测量

在船体中横剖面的甲板上，用卷尺由一舷的外板内缘量至另一舷的外板内缘的水平距离数值，即为船的型宽 B。若甲板上有上层建筑或其他结构而不便测量时，可采用下面两种方法。

(2)用线锤及卷尺测量

在船体中横剖面舷顶列板外侧的甲板边板位置线处，焊一扁钢。扁钢上吊线锤至船台面上，得 A 点，用卷尺测量 A 点至船台中心线（或船底中心线）的距离 AO。AO 中减去舷顶列板厚度 δ 及扁钢上线锤线距外板表面的距离 b，即为船体半宽。用相同方法可测得另一舷的船体半宽，两半宽相加即为船体的型宽。

(3)用激光经纬仪测量

在船台面上作一条平行于船台中心线的平行线（图 6－8）。平行线至船台中心线的距离应略大于船体的半宽。将激光经纬仪置于该平行线上，对中，整平，使望远镜视准轴与平行线对准，并与船台上中横剖面肋位线相交于 A 点。在船体中横剖面舷顶列板外侧的甲板边板位置线处焊一扁钢，且垂直于外板。发射激光束至扁钢上，量得光点至船舷的距离 b。用卷尺测量船台上中横剖面肋位线自 A 点至船台中心线的垂直距离 AO，则船体半宽为 $AO - b - \delta$。用相同方法可测得另一舷的船体半宽，两半宽相加即为船体的型宽。

3. 船体型深的测量

在水平船台上测量船体型深时，可在船体中横剖面的舷顶列板外侧的甲板边板位置线处焊一扁钢，且垂直于外板。扁钢上吊线锤，用水平软管将基线标杆上相应肋位的基线平移至线锤上得一点。用卷尺测量从该点至甲板边板位置线的距离 H，即为船体型深。在倾斜平台上测量船体型深，应考虑船台倾斜度，如图 6－9 所示。

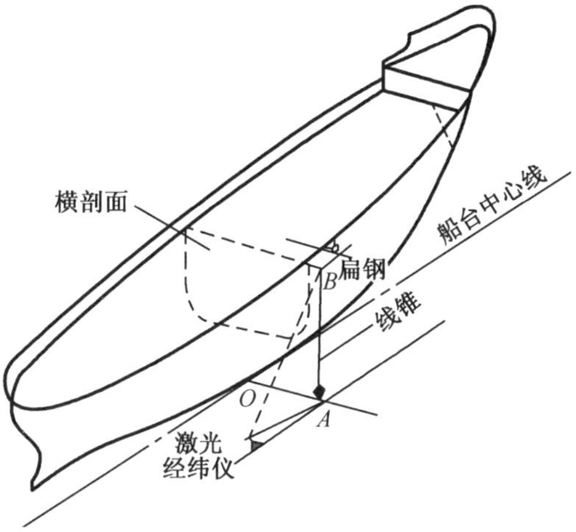

图 6－8　船舶型宽测量

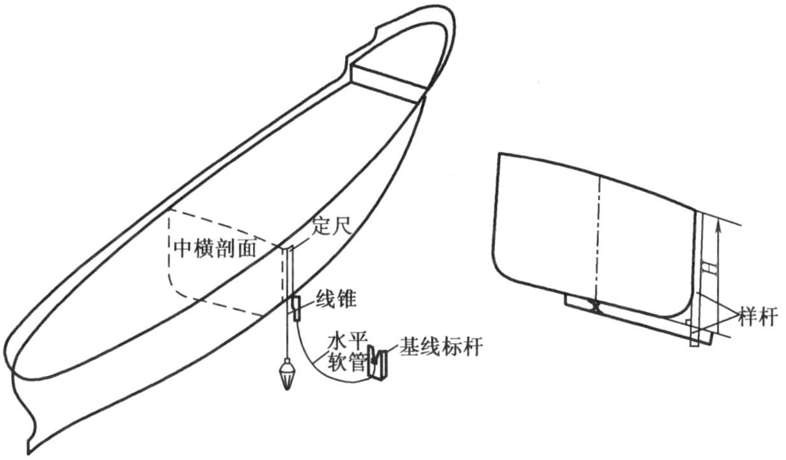

图 6－9　船舶型深的测量

4. 船底纵向挠度的测量

过去都是通过采用水平软管依次测量船底相应肋位处距理论基线的差数来得到船底纵向挠度。在倾斜船台上测量船底纵向挠度时,必须考虑累计升高值,因此比较麻烦。

用激光经纬仪测量船底纵向挠度比较方便、准确,特别是应用在倾斜船台上(图 6－10)。它是将激光经纬仪放在艉端,使望远镜的视准轴与船底基线平行,然后用直尺直接测量船底各相应肋位处与激光束之间的垂直距离 h_1、h_2、h_3、h_4 等。将所测得各点的值减去激光束与船体基线距离 h 的值,并将其差值填入表 6－8 中,即可得出船底纵向的挠曲度。

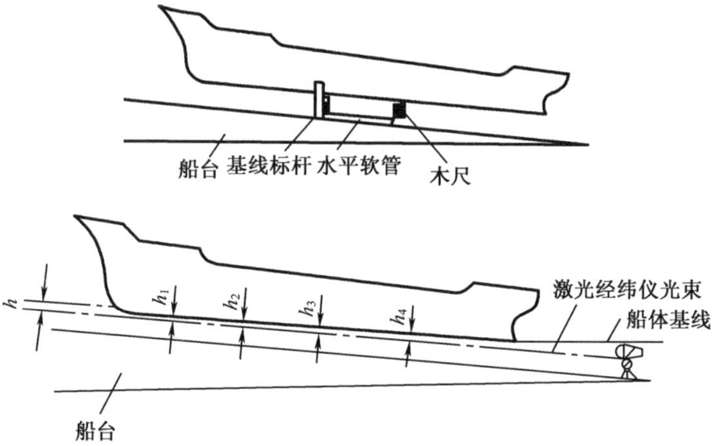

图 6－10　船底纵向挠度的测量

表 6－8　船底纵向挠度测量表

内容	肋骨位置													
	F	*F*	*F*	*F*	*F*	*F*	*F*	*F*	*F*	*F*	*F*	*F*	*F*	*F*
高度														
挠度														

5. 艏艉端高度的测量

艏艉端高度的测量与型深的测量方法相同。现以艏端高度的测量为例加以说明。

(1)用一般工具测量艏端高度

在艏端吊线锤至船台表面。在水平船台上可用水平软管将船体基线高平移至线锤上，得一点。用卷尺测量该点至艏端点的距离，此距离即为艏端高度。

在倾斜船台上测量艏端高度(图 6－11)时，在艏端点吊线锤，将最接近艏端线锤线的标杆上某号肋位的基线高用水平软管平移至线锤线上得 D 点，然后减去该号肋位至艏端线锤线距离的升高值 H，在线锤线上得 B 点，从 B 点量至艏端点 A 的距离 AB。考虑船台倾斜角的影响，艏端高度应为

$$AC = AB \cdot \cos\alpha$$

式中　α——船台的倾斜角。

(2)用仪器法测量艏端高度(图 6－12)

将经纬仪安在船台中心线或中心线的延长线上，将仪器底座调整水平后，将望远镜中纵丝与横丝的交点对准艏端点，记录下经纬仪的垂向角度，即视准轴与横轴的夹角可从仪器上直接读出，同时测量经纬仪到艏端点在船台中心线上投影点的直线距离，按下式计算

出艏端高度。

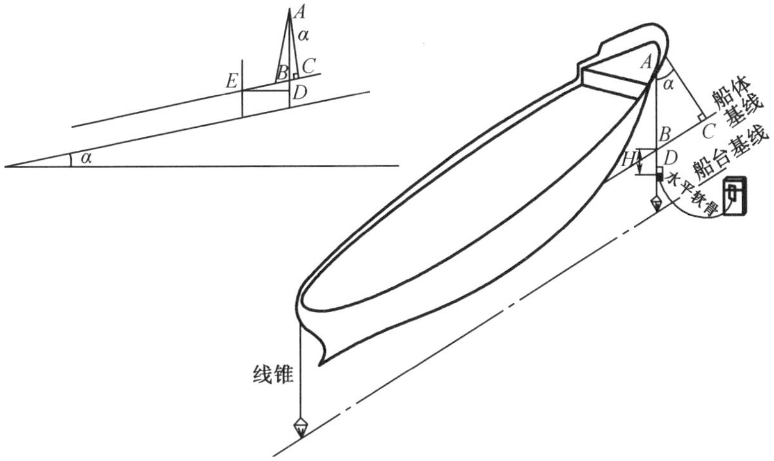

图 6－11　在船台上测量艏艉端点的高度

$$H_S=(a-c)\tan\beta-h-i$$

式中　H_S——艏端高度；

h——船体基线距船台中心的垂直距离；

i——仪器本身高度；

β——仪器视准轴与横轴的夹角；

a——仪器到艏端点在船台中心线上投影点的直线距离；

c＝(艏端理论高度＋h)·$\tan\alpha$

α——基线斜度。

艉端高度测量方法与艏端高度测量方法相同。

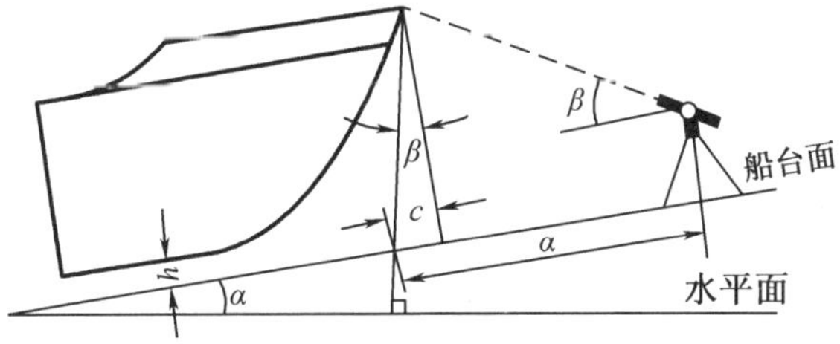

图 6－12　仪器法测量艏端高度

6. 艏艉柱中心线的测量

(1)吊线锤法

这种方法因操作简单被广泛采用，但受风等外界条件影响较大。在艏艉柱中心线取一些点，吊线锤至船台，测量线锤线与船台中心线的距离，即得艏艉柱中心线各点的偏离值。

(2)激光经纬仪测量

用激光经纬仪测量时，将激光经纬仪放在船台中心线上，将底座调平，使仪器与船台中心重合，并发射激光束，使其与船台中心线对准，并固定仪器水平转角，然后将望远镜绕横轴转动，光点沿艏艉柱上下缓慢移动，测量光点至艏艉柱中心线的距离，即得艏艉柱中心线各点的偏移量(图6－13)。

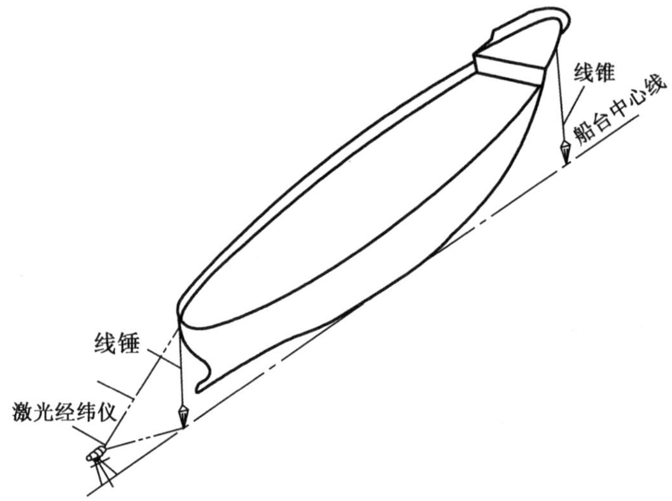

图6－13　艏艉柱中心线的测量

项目七　精度数据分析软件应用

知识目标

1. 掌握船舶精度测量数据采集方法。
2. 掌握精度测量数据的分析方法。
3. 掌握精度测量数据模拟搭载方法及要求。

能力目标

1. 能对精度测量数据按照精度标准要求分析。
2. 能通过软件操作完成分段模拟搭载。
3. 能通过模拟搭载分析搭载尺寸误差。

任务一　精度测量数据采集

船舶精度的控制，从测量学的角度来说属于精密工业测量的范畴，主要是对造船过程中所需要的船体部件尺寸数据（坐标、长度、垂直度等）进行测量和计算，形成精度控制数据分析库，从而达到对船体尺寸进行有效控制的目的，使之符合设计的要求；并对数据进行一定的分析，为提高造船的速度和质量提供必要的数据支持。

从测量的内容来分，主要包含画线测量、分段测量、搭载定位三大部分内容。

画线测量主要是在分段制造时对原材料进行激光画线，确定部件的形状和大小，为切割画出轮廓线，目前一般采用激光经纬仪、手持测距仪、激光水准仪和钢卷尺进行测量。

分段测量主要是对船体分段端口的关键点进行测量，以便确定建造分段与设计分段的差值，然后进行预修整，也就是通常所说的余量切割，之后才可以将分段进行吊装搭载。搭载定位主要是在船台（船坞）进行分段搭载时，确定搭载分段的位置，以便与船体正确合龙而进行的测量工作，一般是在中合龙或大合龙时采用。

分段测量和搭载定位在传统的造船过程中，主要采用经纬仪、全站仪、钢尺及吊大锤来进行测量。全站仪在造船行业中被广泛应用，为精度控制提供了更为简单、快捷、精确的检测方法，不需要与被测物体接触，就能够获得 2 mm 左右的测量精度。在造船过程中，通过全站仪来采集测量数据，将采集的数据存储起来，并经过相关软件的分析，就能更直观地掌握船舶尺寸精度。下面介绍如何使用全站仪来进行数据的采集工作。

一、测量基本工具

测量时全站仪需要辅助工具反射片标靶配合进行船体尺寸测量。在测量过程中需要在各个测定点放置激光反射片标靶。由于测量环境的复杂多变,需要放置的反射片标靶形式也有很多,如图 7－1 所示。

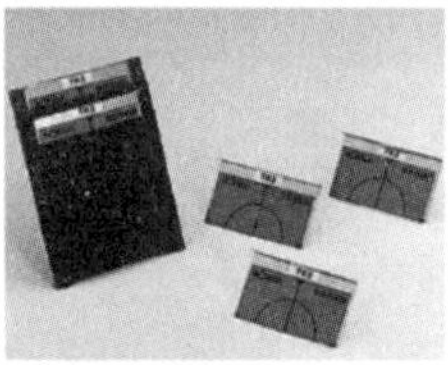

(a)半反射标靶(平面反射靶)

(b)船厂专用反射片

(c)磁性角度固定座(反射靶固定器)

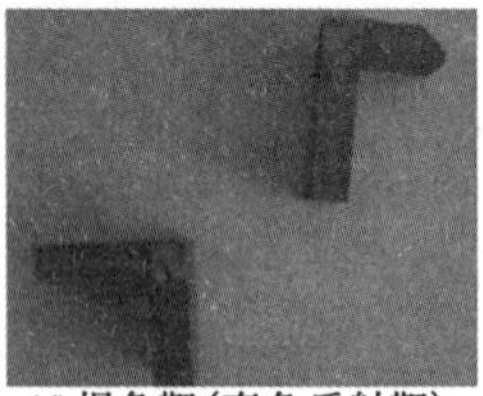

(d)拐角靶(直角反射靶)

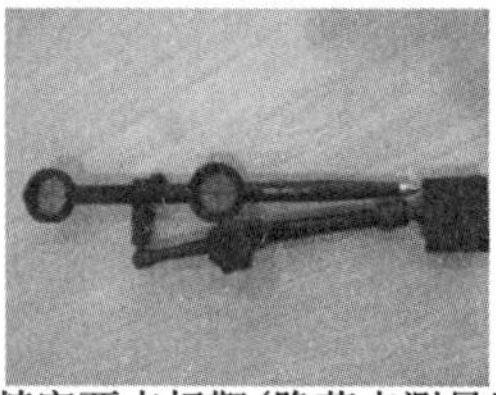

(e)精密两点标靶(隐蔽点测量器)

(f)磁性旋转反射靶

图 7－1　反射片标靶

反射片标靶可以直接粘贴在测量点上,小巧轻便,价格低,尺寸齐全,可以反复使用,在测量过程中精度较高。反射片标靶要根据精度管理部门制定的精度测量单管理点进行放置,放置位置要精确;一般放置测量点为交叉点,在放置前要查明理论线、板厚方向,以免发生不允许的误差;同时放置位置为破口或者圆角处,应将反射片标靶放置在延长线的交点处,如图 7－2 所示。当架设仪器对分段进行尺寸测量时,被测分段有一部分是不可见的,需要采用搬站测量的方法。这时需要将反射片标靶放置于架设仪器在两侧都可以观察到的范围内,如图 7－3 所示。

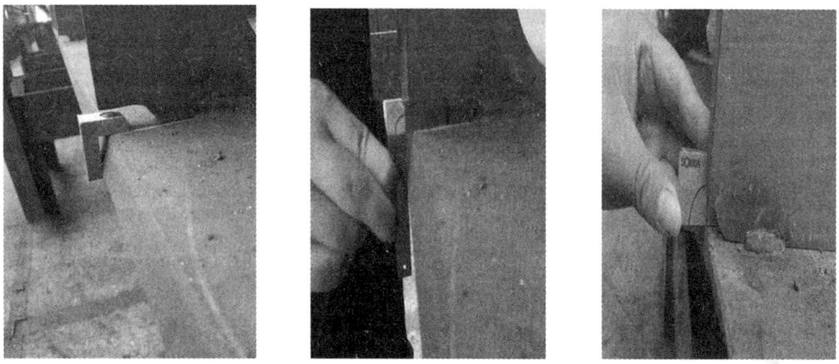

(a)　(b)　(c)

图 7－2　反射片放置位置

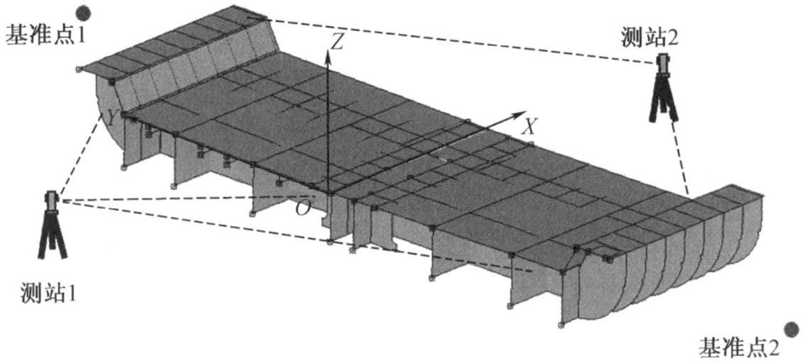

图 7－3　全站仪搬站测量

二、精度数据采集

当架设好全站仪测量精度点时，需要相应精度控制测量软件来完成数据的测量和收集工作。图 7－4 所示为端面平齐度（端差）测量。

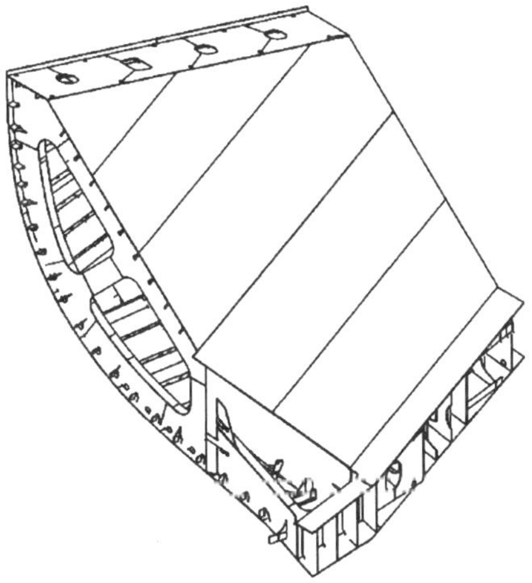

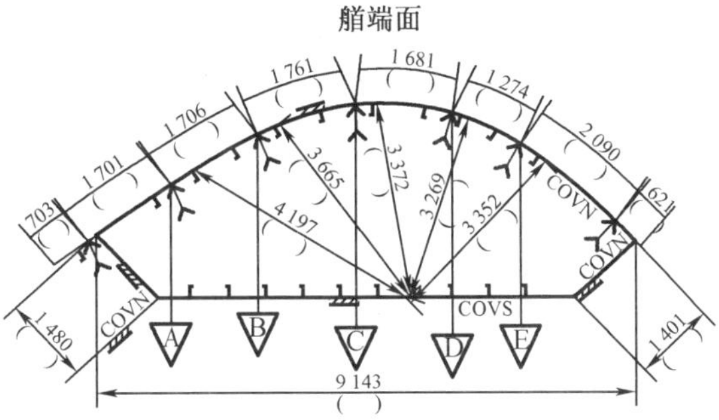

	A	B	C	D	E	F	G	H	I	J
上端	+446	+644	+760	+726	+605	+839	+910	+909	+773	+520
实测										

图 7－4　端面平齐度（端差）测量

首先双击 AC MES 软件，打开“文件”，选择“新测定”，建立测定点的数据表格，然后按照测量顺序将每个测量点按照一定测量方法进行测量，如图 7－5 所示。

具体测量方法有两点标靶、搬站测量、标准测量等。两点标靶测量界面如图 7－6 所示。

当完成测量时，可以将全站仪测量点的数据保存为 ＊. ems 测量文件，方便以后进行数据分析，如图 7－7 所示。

①运行【文件→保存→另存为】。

②输入要保存的文件名。

③点击【OK】按钮,保存测定文件完毕。

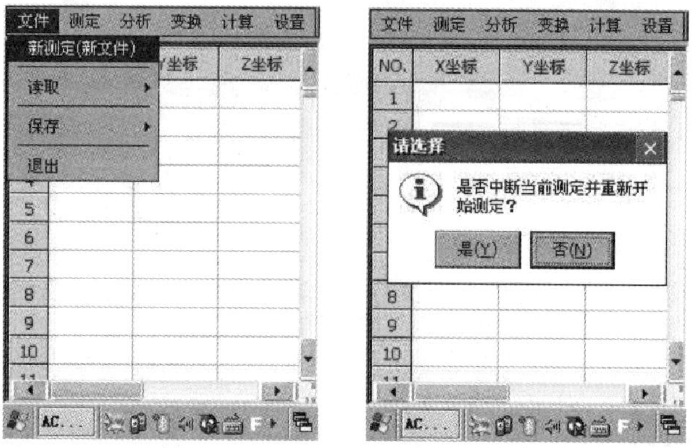

(a) (b)

图 7-5 新建测量文件

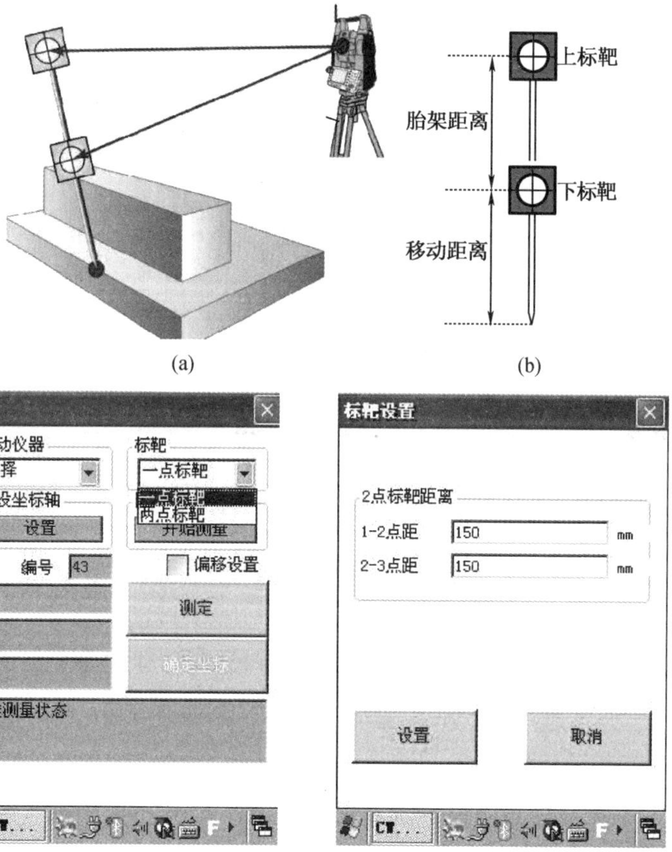

(a) (b)

(c) (d)

图 7-6 两点标靶测量界面

(a) (b)

图 7-7 数据保存

任务二 精度管理数据分析与管理

在船厂精度管理过程中,利用全站仪进行数据测量,只是完成了精度管理数据采集。为了更好地利用测量数据为船舶建造服务,需要对数据进行分析和管理。船厂测量数据量很大,单独以人力进行数据分析和管理,劳动强度大,因此必须借助计算机辅助系统(即相关造船行业的软件系统),来帮助船厂人员实现数据分析和管理功能,更好地服务于船舶建造。

目前,相关船舶建造的精度管理软件有韩国三铭软件、青岛海徕尺寸与精度控制系统(Dimensional & Accuracy Control System, DACS)及欣博 AC BLOCK 软件。现以 AC BLOCK 软件数据处理为例加以介绍。

AC BLOCK 是以三维 CAD 为基础,在三维空间与设计对比,进行分析、转换和计算等作业,而后进行管理、分析生产分段的精度数据,使用绘图/模板功能制作 2D 检测表格。本次实训以 CW04 舷侧分段为例,介绍 AC BLOCK 软件应用。

一、新建文件

打开 AC BLOCK 软件,运行【文件→新文件】,生成新文件时,会出现只有坐标轴的空白作业窗口,即可开始新的作业。

二、导入设计模型和设计文件

①运行【项目→导入模型】,选择要导入的设计模型,可以选择多个文件,点击【打开】,导入模型完毕。

②运行【文件→导入 des 文件】,导入设计文件 CW04. ems. des 文件是包含设计点坐标

的文件，如图 7 – 8 所示。

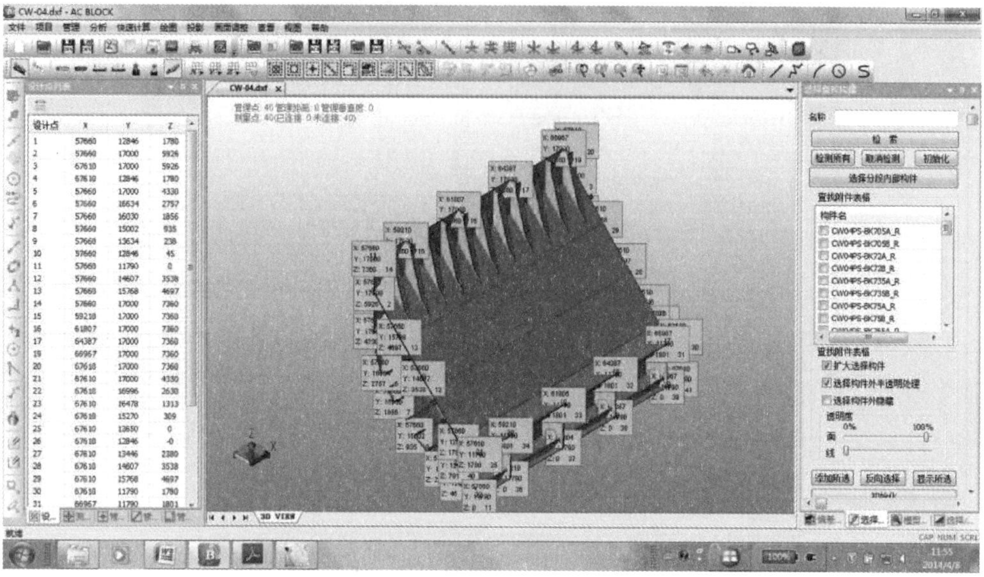

图 7 – 8　导入设计模型和设计文件

三、导入测定文件

运行【项目→导入测定文件】，选择导入的测定文件，点击【打开】，导入测定文件。该文件为全站仪所测量数据，文件类型为. ems 格式，如图 7 – 9 所示。

图 7 – 9　打开测量数据文件

四、模型翻转

当导入测量数据文件与模型文件方向不一致时，可以通过“模型左右对称”菜单对模型进行翻转，也可以对测量数据进行翻转。

①运行【管理→模型左右对称】。

②在对话框中选择要反转的参数，点击【反转】。

分段设计模型左右对称如图 7 - 10 所示。

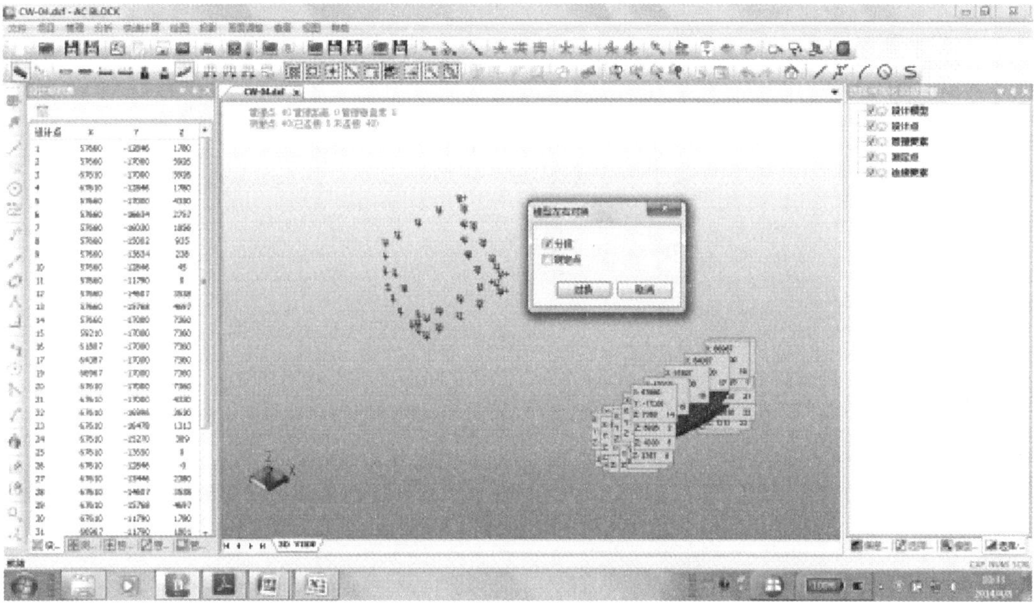

(a)分段设计模型翻转前图形

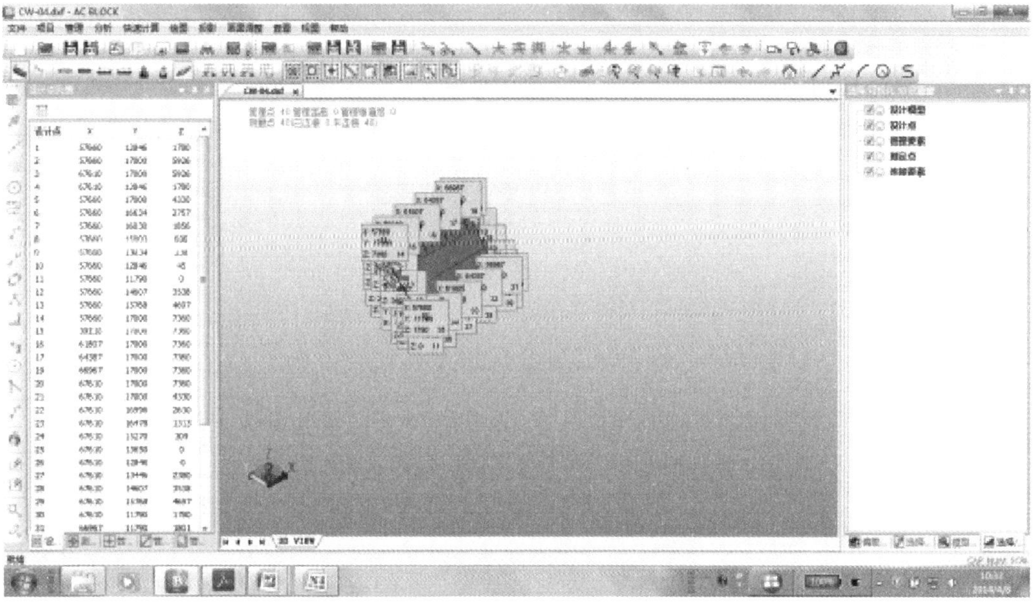

(b)分段设计模型翻转后图形

图 7 - 10　分段设计模型左右对称翻转

测量数据左右对称如图 7－11 所示。

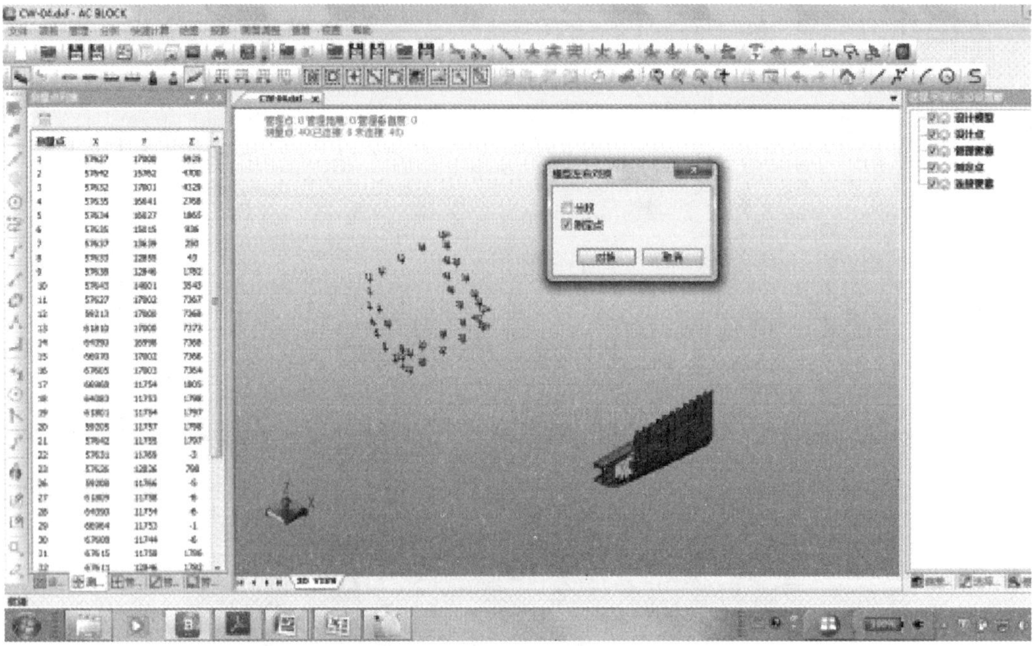

(a)测量数据翻转前图形

(b)测量数据翻转后图形

图 7－11　测量数据左右对称翻转

五、分析设计点与测定点之间偏差

通过选择菜单“分析”栏“自动连接设计点 - 测定点”，将最邻近的测定点与设计点自动进行连接。连接完毕之后，在数据括号内标示着测定点与设计点的偏差，可直观了解与设计对比的生产分段的误差范围。

具体操作步骤如下：

①运行【分析→自动连接设计点→测定点】。

②在自动连接设计点 - 测定点对话框中输入连接范围，超出设定的连接范围的设计点不与测定点连接。

③选择连接选项。

隐藏连接失败的管理点：使用【查看→显示隐藏要素】，即可查看隐藏的管理点。

④若连接完毕，管理点尺寸框中即会显示各坐标的偏差值（显示在括号内）。

偏差值是测定坐标减去设计坐标的值（另外，当 Y 坐标为“ - ”时，是设计坐标减去测定坐标的值），如图 7 - 12 所示。

设计点与测定点的偏差可在【分析→许用偏差设置】功能中设置许用误差范围。若超过设定的误差范围，坐标值下方会有红色下画线，以做区分。

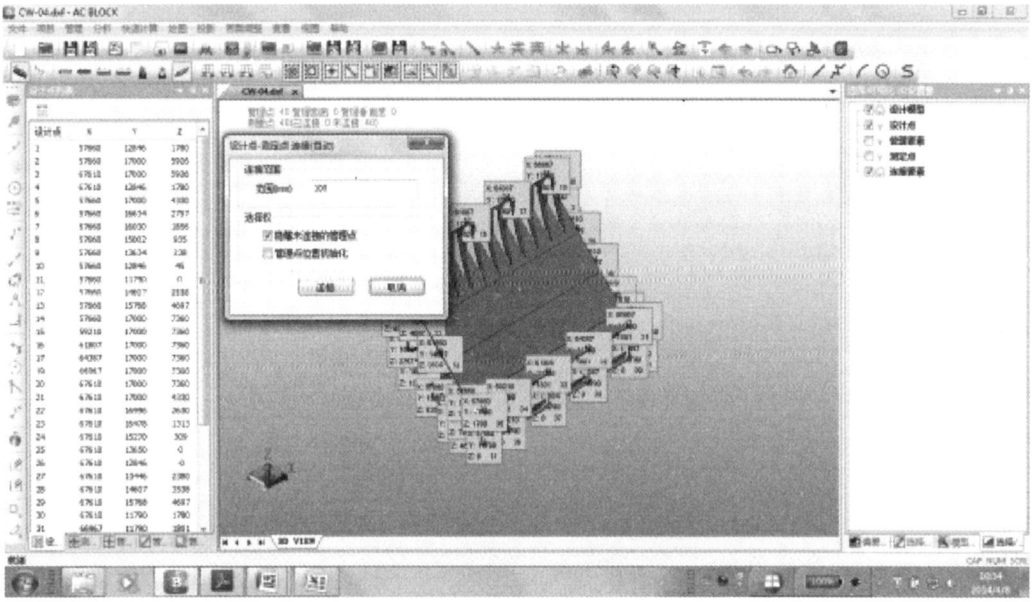

(a)

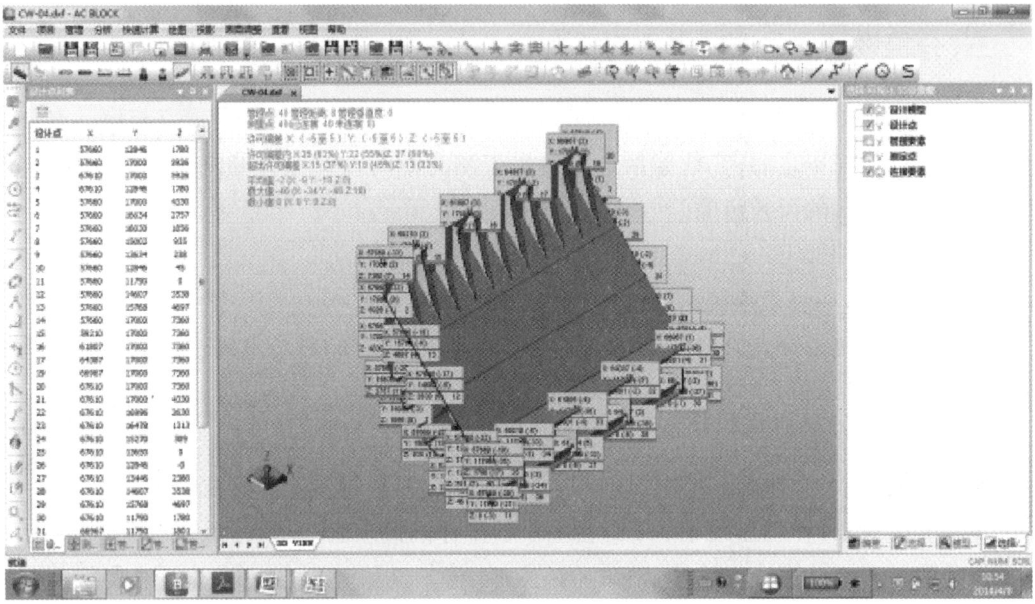

(b)

图 7－12 “设计点与测定点自动连接”误差分析

六、输出报告

1. 渲染模式

①运行【查看→渲染模式→可视化模式】，进行可视化模式查看模型，如图 7－13 所示。

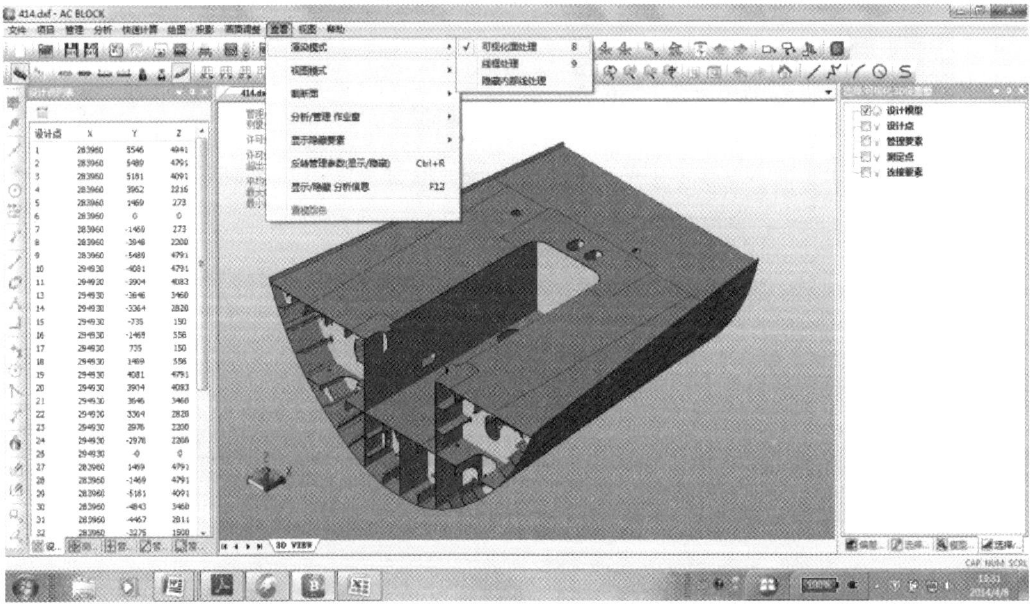

图 7－13 渲染模式界面

②运行【查看→渲染模式→线框处理】进行线框模式查看模型，如图 7－14 所示。

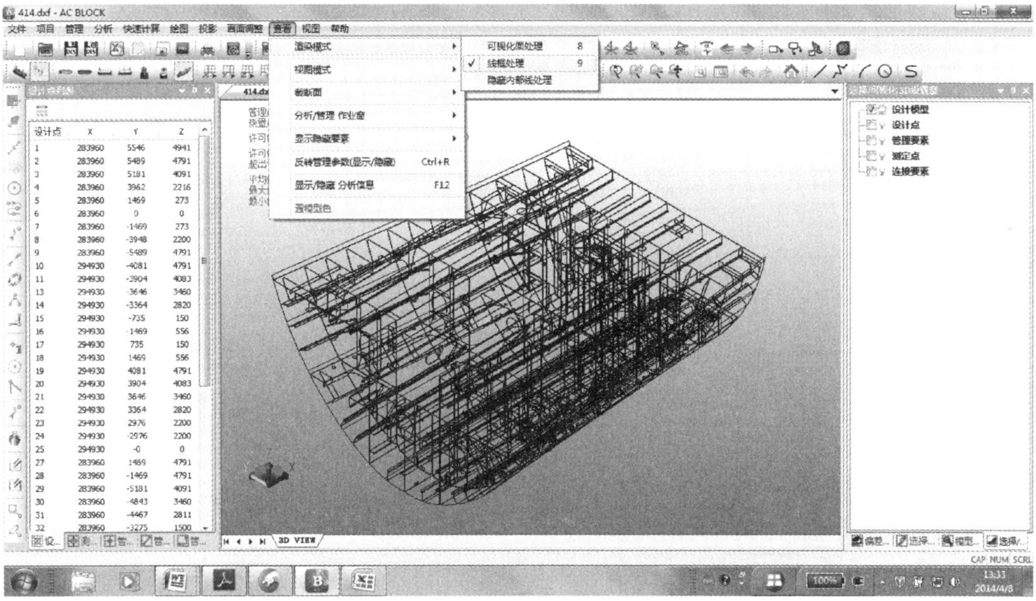

图 7－14　线框模式界面

③运行【查看→渲染模式→隐藏内部线处理】。

2. 视图模式

运行【查看→视图模式→XY/XZ/…/ISOMMETRIC】，或者点击快捷键进行模型的各类视图查看。

3. 截断面

运行【查看→截断面→X 截断面/Y 截断面/Z 截断面】，或者点击快捷键进行模型的截断面查看。

4. 输出报告书

用户可使用 Excel 文件制作报告书，如图 7－15 所示。

①运行【文件→输出报告书】，或者点击快捷键，打开 Excel 文件。

②复制剪切的图片，提供了两种截取画面的模式（clipboard/图片文件）。

③输入其他重要项目，制作检测表格完毕。

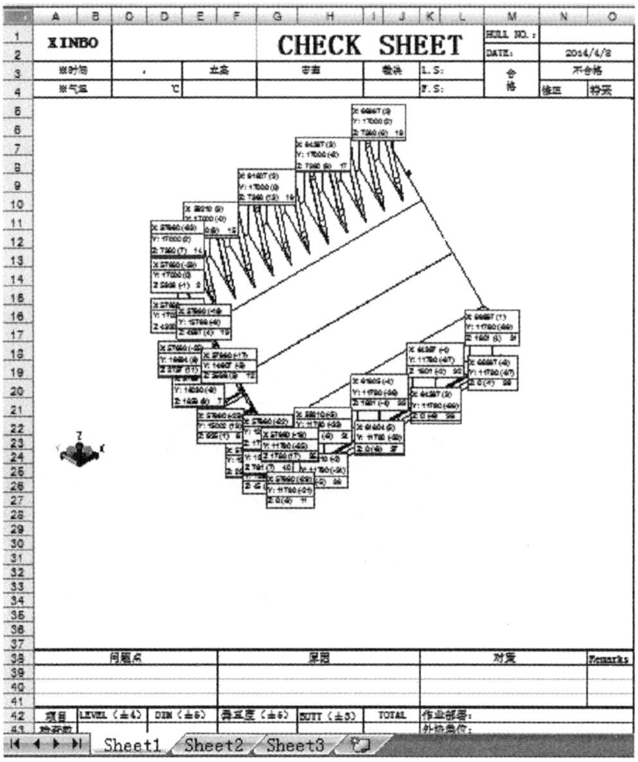

图 7 - 15　输出报告书

任务三　三维测量数据模拟搭载

船舶在建造过程中,从加工到船坞搭载每个阶段不可避免地会产生误差,而误差只有在船坞搭载时显现最为明显。模拟搭载就是预先了解要搭载的总段精度偏差值及船坞(船台)内基准分段的精度偏差值,在电脑中进行模拟演示并分析得出有效的修正方案,在平台上切割修正,在确保精度的情况下实现吊装过程一次定位。

一、模拟搭载的总体流程

模拟搭载的总体流程如图 7 - 16 所示。

1. 数据测量采集

将掌上电脑(personal digital assistant,PDA)与全站仪连接进行搭载分段测量和基准分段测量。

2. 设计模型

模拟搭载要以设计模型为基础,因此要先从 TRIBON 中调出相应的设计数据,在 TRIBON 模型中添加管理点。

3. 单位分段

测量采集的数据与模型设计数据连接生成偏差值，掌握搭载、基准分段的精度现况。

4. 模拟搭载

将搭载模拟生产的偏差值与基准分段生成的偏差值连接。在模型中生成重叠和间隙的偏差值。

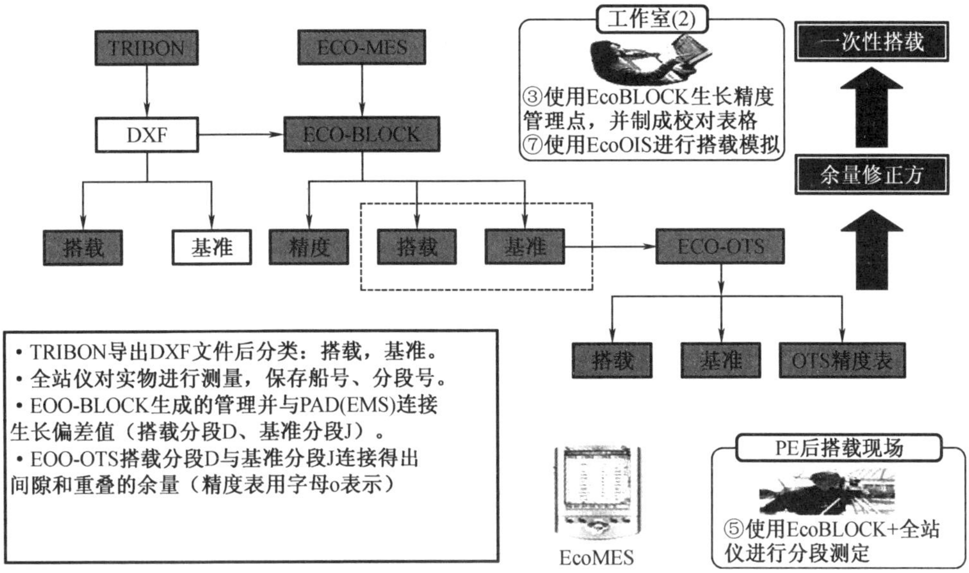

图 7－16　模拟搭载的总体流程

5. 精度校对表格

在模型中将重叠和偏差值打印出来，根据精度校对表格现场施工作业。

二、模拟搭载评定标准

对模拟搭载分段进行考核评定，便于对精度软件和分析模拟搭载的跟踪，见表 7－1。

表 7－1　模拟搭载评定标准

评定	级别	分数	内容
优秀	A	100 ~ 90	模拟搭载后一次到位，分段搭载无须切割
良好	B	89 ~ 80	模拟搭载后，分段搭载少量切割
一般	C	79 ~ 70	模拟搭载后，分段搭载较多切割
不足	D	69 ~ 60	模拟搭载后，分段搭载大量切割
差	E	60 以下	模拟搭载后，需要再次复位

三、模拟搭载基准

1. 模拟搭载管理点的设置

理论线表示基准，在基准对船体组立图中所表示的所有部材的装配方向及 CONTROL LINE 进行规定。模拟搭载管理点的设置建立在理论线的基础上，管理点正确设置非常重要。如图 7－17。

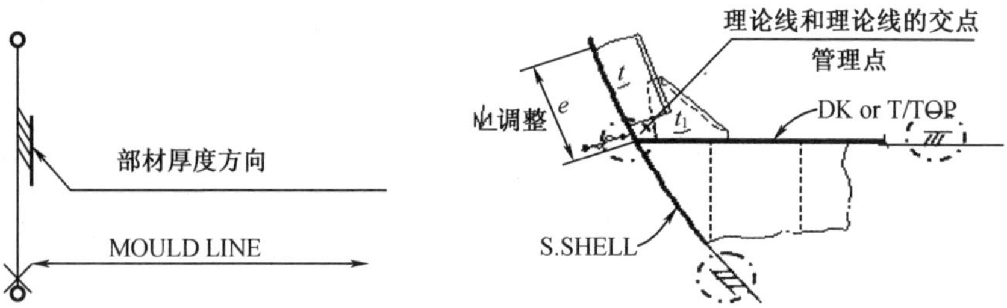

图 7－17　精度管理基准

2. 模拟搭载 X 轴、Y 轴、Z 轴基准（图 7－18）

①X 轴的基准点是艉垂线 AP（AFTER PERPENDICULAR）为“0”点。

②Y 轴的基准点是中心线 CL（CENTER LINE）为“0”点，向左舷（PORT）方向为正值，向右舷（STARBOARD）方向为负值。

③Z 轴的基准点是基线 A/B（ABOVE BASE LINE）为“0”点。

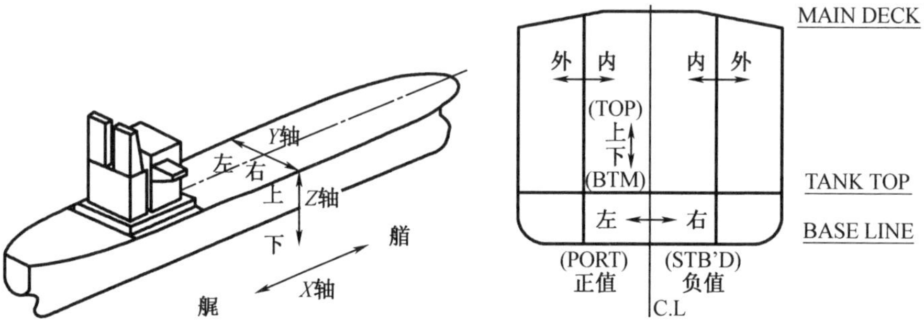

图 7－18　模拟搭载基准

四、典型分段模拟搭载管理要点

1. 17 万吨级 BULK CARRIER 62D

下图例搭载顺序按照从艉向艏搭载（后续图例同理）。

(1)搭载分段的管理要点(图 7 – 19)

①搭载分段需要对接的艉面设置管理点,即艉端甲板和斜板。搭载底面设置管理。

②特殊情况下添加管理点:要根据实际情况设置分段管理点。

③艏段断差维持在 ±3 mm 以内。

④水平维持在 ±5 mm 以内。

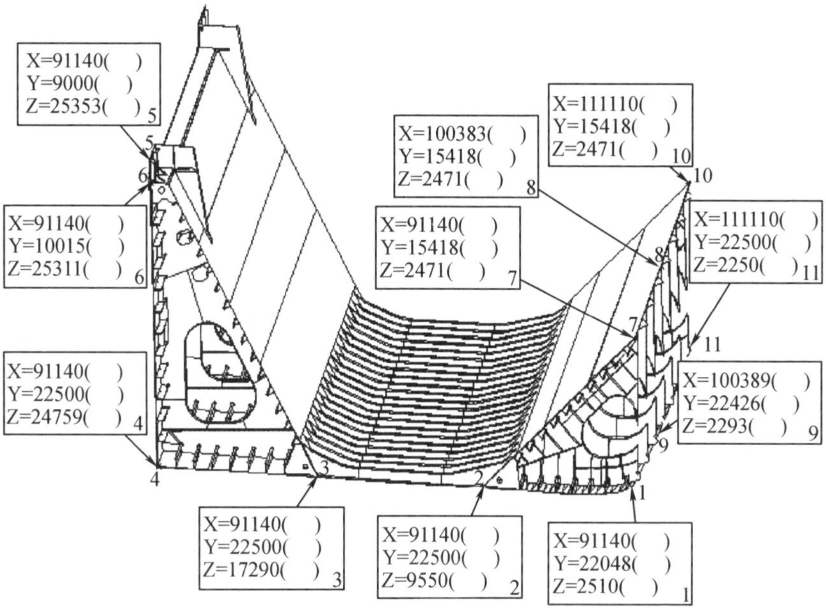

图 7 – 19　搭载分段的管理要点

(2)基准分段的管理要点(图 7 – 20)

①基准分段需要对接的艏面设置管理点,即艏端甲板和斜板。双层底上下对接设置管理点。

②特殊情况下添加管理点须根据船坞内的现状。

③半宽值维持在 ±5 mm 以内。

④遵守作业顺序和焊接顺序。

(3)模拟搭载的管理要点(图 7 – 21)

①搭载分段调整到设计尺寸,看对接缝的间隙和重叠。

②艏段对接缝接齐,余量在艉段切割。

③高度余量与前个分段接齐,确保设计高度,余量在底部切割。

④模拟搭载保证半宽值(双层底半宽值正确时)。

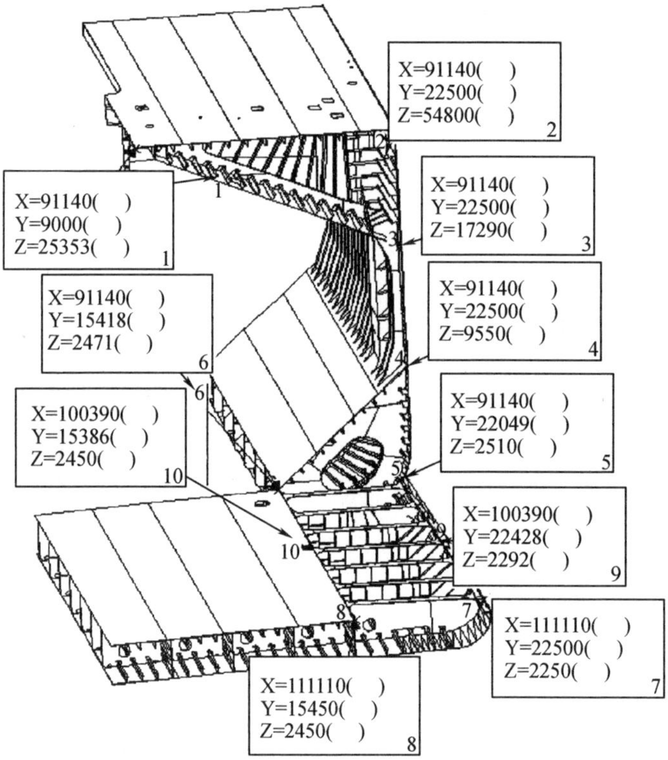

图 7－20　基准分段的管理要点

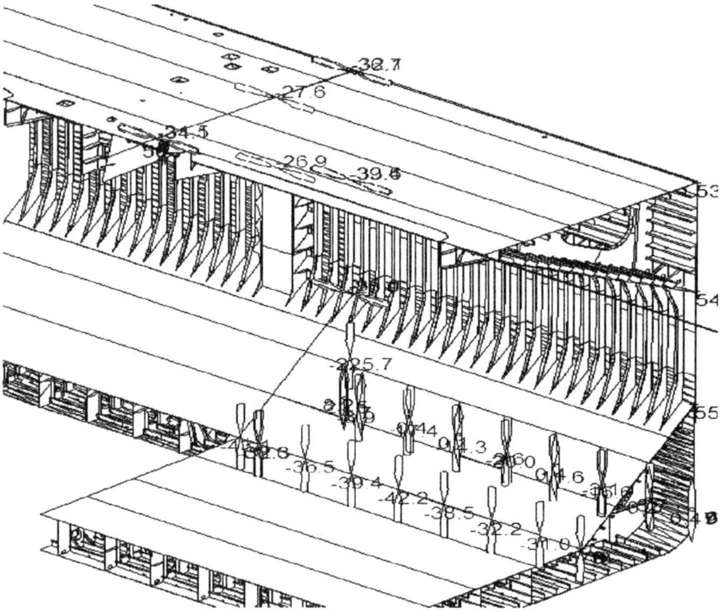

图 7－21　模拟搭载的管理要点

2.10 万吨级 CRUDE/PRODUCT OIL TANK(271)

(1)搭载分段管理要点(图 7 – 22)

①搭载分段需要对接的艉面设置管理点,搭载底面设置管理。

②曲形分段艏面 3 个主要点添加管理点。

③艏端断差维持在 ±3 mm 以内。

④水平维持在 ±5 mm 以内。

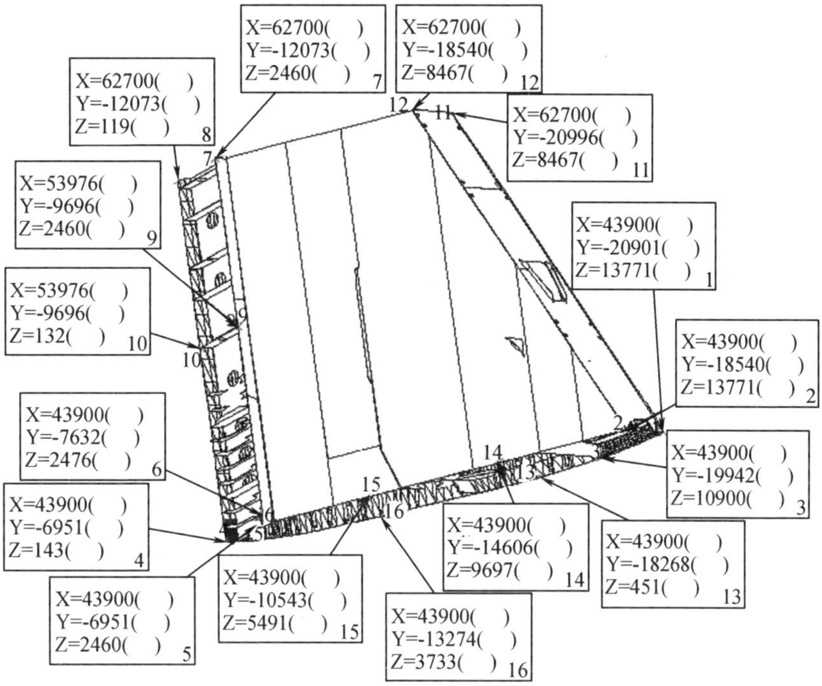

图 7 – 22　搭载分段管理要点

(2)基准分段管理要点

①基准分段需要对接的艏面设置管理点。双层底右侧对接设置管理点。

②半宽值维持在 ±5 mm 以内。

③高度维持在 ±5 mm 以内。

④遵守作业顺序和焊接顺序。

附　　录

附表 A　板材加工尺寸自检表

工程编号:		分段名称:	零件号:
长度 L_1	理论:	长度 L_2	理论:
	实际:		实际:
对角线 D_1:		对角线 D_2:	$D_1 - D_2$:

精度要求:

(1)长度 L_1: ±0.5 mm;

(2)宽度 L_2: ±0.5 mm;

(3)对角线 $D_1 - D_2$: ±1.5 mm。

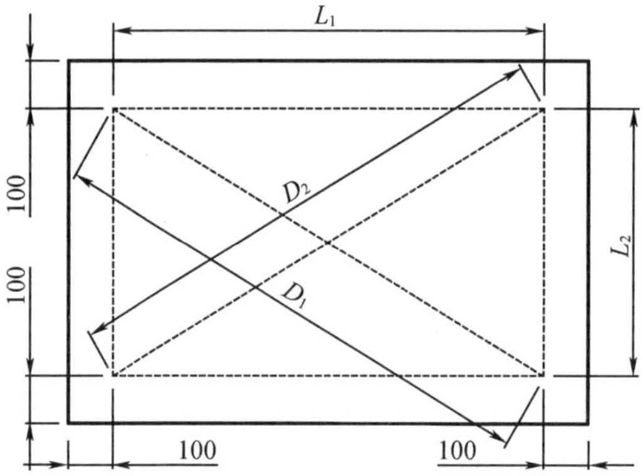

注:对角线仅矩形板测量。

自检者:________

日期:________

附表 B　弯曲板材自检表

工程编号:	分段名称:	零件号:
空隙 ΔH:		

精度要求:

(1)冷加工:$\Delta H \leqslant 1$ mm;

(2)热加工:$\Delta H \leqslant 2.5$ mm;

(3)纵向弯势:$\Delta H \leqslant 4$ mm;

(4)劣势:$\Delta H \leqslant 6$ mm;

(5)边势和顺: ±3 mm。

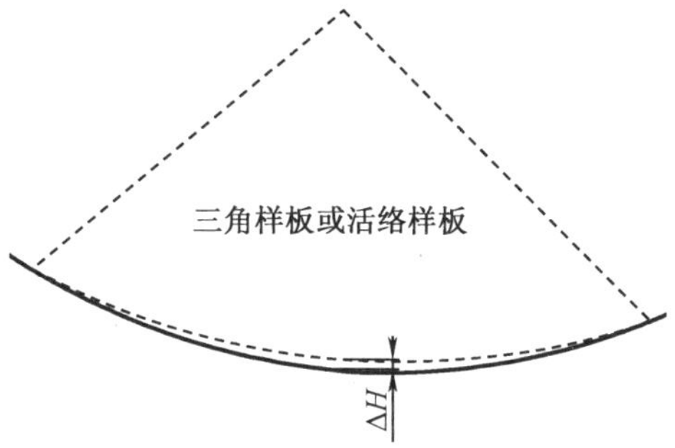

自检者:________

日期:________

附表 C　弯曲型材自检表

工程编号:	分段名称:	零件号:
间隙:		

精度要求:

逆直线偏差 $\Delta H \leqslant 1$ mm。

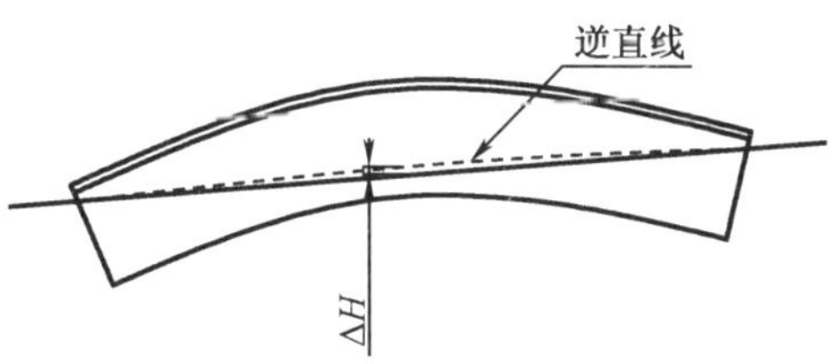

自检者:________

日期:________

附表 D　船台(坞)格子线自检表

工程编号:	产品名称:

精度要求:

船台(坞)格子线尺寸精度 ±1 mm。

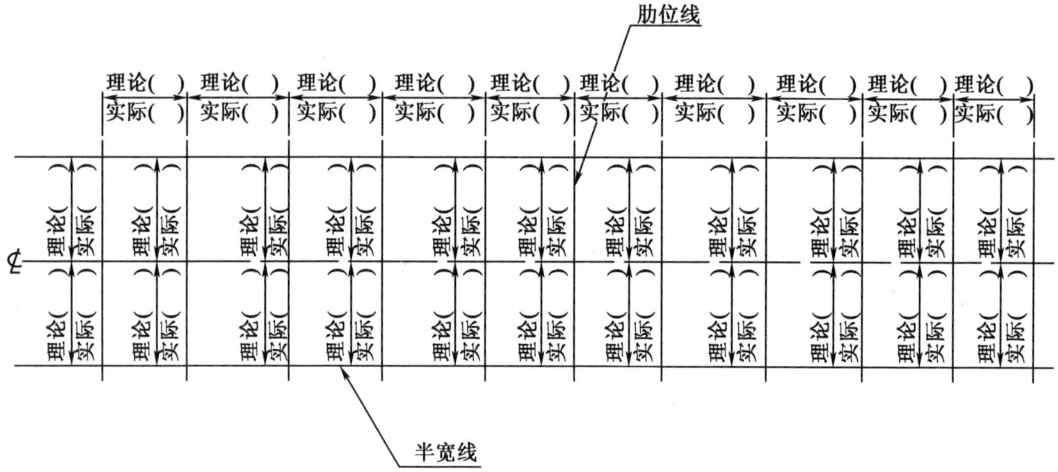

自检者:________

日期:________

附表 E　船台（坞）总组、搭载定位表

<table>
<tr><td colspan="4">工程编号：</td><td colspan="3">分段（总段）名称：</td></tr>
<tr><td rowspan="2">中心线偏差</td><td>艏</td><td colspan="2"></td><td rowspan="2">肋骨检验线 L
FR～FR</td><td>理论</td><td></td></tr>
<tr><td>艉</td><td colspan="2"></td><td>实际</td><td></td></tr>
<tr><td rowspan="4">半宽 B</td><td rowspan="2">B 艏</td><td>理论</td><td></td><td rowspan="4">水平度</td><td>艏内</td><td></td></tr>
<tr><td>实际</td><td></td><td>艏外</td><td></td></tr>
<tr><td rowspan="2">B 艉</td><td>理论</td><td></td><td>艉内</td><td></td></tr>
<tr><td>实际</td><td></td><td>艉外</td><td></td></tr>
</table>

精度要求：

（1）中心线偏差：±5 mm；

（2）肋骨检验线偏差：±5 mm；

（3）半宽 B：±5 mm；

（4）水平度：±5 mm。

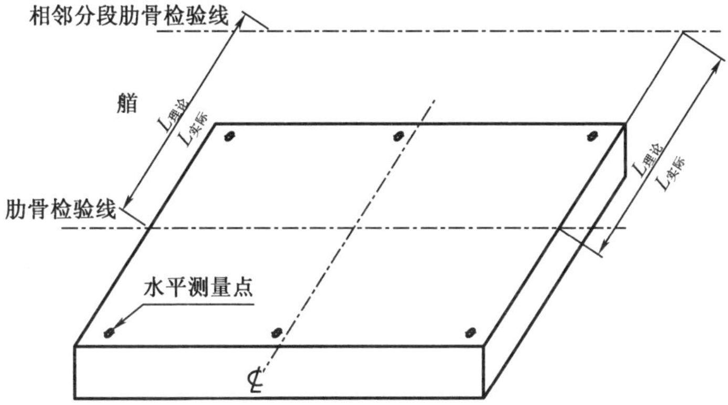

自检者：＿＿＿＿

日期：＿＿＿＿＿＿

参考文献

[1] 谢荣. 船舶建造精度控制技术[M]. 北京:人民交通出版社,2013.

[2] 张明华. 精益造船模式研究[M]. 北京:中国经济出版社,2005.

[3] 应长春. 船舶工艺技术[M]. 上海:上海交通大学出版社,2013.

[4] 郭群长,李仲群,李辉. 大地测量学概论[M]. 成都:西南交通大学出版社,2009.

[5] 施克非. 船体装配工[M]. 北京:国防工业出版社,2008.

[6] 岳建平,魏叶青,张永超. 船舶建造工业测量系统[M]. 北京:科学出版社,2011.

[7] 于昌利,初冠南,张喜秋. 船舶制造精度管理及过程控制技术探讨[J]. 现代制造工程,2011(4):1-4.

[8] 王勇. 船舶建造精度测量 DACS 系统探析[J]. 南通航运职业技术学院学报,2010,09(3):32-34.

[9] 王永明,等. 基于全站仪的造船精度控制测量算法研究[J]. 矿山测量,2010(2):72-75.

[10] 黄若波,张杰. 基于全站仪和船舶 3D 设计系统的三维精度测量技术研究[J]. 造船技术,2011(4):14-16.

[11] 张明华,黄胜. 精益造船:日本造船模式研究[J]. 船舶工程,2005(2):62-66.

[12] 张明华. 精益造船模式研究[D]. 哈尔滨:哈尔滨工程大学,2005.

[13] 杨佳华,陈满红. 全站仪测量系统在设备安装中的应用[J]. 工业建筑,2011(S1):981-982.

[14] 柳良音,刘建峰,孙建志,等. 现代造船模式下精度管理的新探索[J]. 造船技术,2008(6):5-7.

[15] 许融明,杨港,赵任张. 造船精度管理[J]. 船舶工程,2010(C00):8-11.

[16] 曾宪诚. 造船精度管理探索[J]. 江苏船舶,2008,25(3):33-34.

[17] 曾毅,严刚,胡学明. 船舶建造过程中尺寸精度的控制[J]. 中国水运,2009(8):46-47.

[18] 周秀琴,马晓平. 船舶建造精度控制方法研究[J]. 造船技术,2011(1):28-31.

[19] 刘玉君,李艳君. 船舶建造精度控制中的尺寸链计算方法[J]. 中国造船,2004,45(2):81-87.

[20] 孔令海,窦培林,袁洪涛. 海洋平台的精度控制[J]. 华东船舶工业学院学报,2005,19

(3):1－5.

[21] 刘玉君,胡日强,田丰增,等.船体零部件补偿量的计算方法研究[J].哈尔滨工程大学学报,2007(7):723－726.

[22] 姜灵通,朱微.徕卡全站仪在造船行业中的应用[J].测绘通报,2012(3):101－102.

[23] 张正禄,等.工程测量学[M].武汉:武汉大学出版社,2005.